Planet der Selbstverständnisse • Hellwart Paul Joachim Mertsching

Geboren sind wir blind. Ob nun bewusst oder unbewusst – mehrere beeindrucken wollende, kollektive Wir-Intelligenzen haben ihr Ziel auf dieser Erde fast erreicht:

Eine zerrissene Weltgemeinschaft und zusammengestückelte Selbstverständnisse. Wir – das Ich – sind wir in sie hinein gewachsen – unwissend?

Ein Kind – das Ich – es ist weder fähig noch in der Lage sich selbst auf die Welt zu bringen. Es wird wachsen – nicht nur körperlich. Es wird sich auch nicht selbst erziehen, beeinflussen oder entscheiden wollen und können. Ein Kind – es ist auf eine „grundlegende" Hilfe von außen angewiesen – es kann selbst nichts dafür, dass es hier oder dort hineingeboren worden ist – in diese Welt – wo auch immer...

Ermahnungen, Erklärungen – und die Erziehung – durch wen auch immer – sie werden dem Kind „Mensch" später begegnen – fließend und absichtlich – oder zufällig?

Hellwart Paul Joachim Mertsching

# Planet der Selbstverständnisse

Edition AVRA

**Bibliografische Information der Deutschen Nationalbibliothek**
Die Deutsche Nationalbibliothek verzeichnet diese Publikation in der Deutschen Nationalbibliografie; detaillierte bibliografische Daten sind im Internet über http:
//dnb.d-nb.de abrufbar.

Eine Marke der Frieling & Huffmann GmbH & Co. KG
Rheinstraße 46, 12161 Berlin
Telefon: 0 30 / 76 69 99-0
www.frieling.de

1. Auflage 2023
ISBN 978-3-8280-3756-4
Bildquelle: pixabay

Printed in Germany

## Planet
## der
## Selbstverständnisse

der Marionetten

der Überzeugungen

der Religionen

der Weltanschauungen

der Glaubenden

der Politiker

der Wissenden

der Zauderer

der Zweifler

der Träumer

der Lehrer

der (nicht) Hörenden

der sich Liebenden

der Stolzen

der Bettler

der Klugen

der Dummen

der (unbewussten?) Heuchler

der (noch) Unwissenden?

Dieses Buch war ein Manuskript, dessen Inhalt korrigiert werden darf – auch der Autor ist nur ein Glaubender – ein immer weiter (Nach-)Sinnender...

Wie sich die Sandkästen erklären, in denen jedes Ich individuell sein Selbstverständnis, seinen Glauben, seine Überzeugung und sein Gewissen lebt?

Wie sich und den Mit-Menschen erklären, dass wir hilflos – noch – wie Kinder den Vorderen mit den eigenen Vorstellungen hinterherlaufen, bis wir mit unserem „Latein" am Ende sind und unser Leben „abgelebt" haben?

Wie sich den Planet der Selbstverständnisse erklären und verstehen, von dem aus das „Universum" bevölkert werden soll? Mit welchem Selbstverständnis? Mit welchem geglaubten „Wissen"? Spielen und rechnen wir Menschen mehr oder weniger bewusst mit dem Glauben und dem Vertrauen all Jener, die als „Wir" auf dieser Erde miteinander leben?

Hatten wir Menschen nie die Möglichkeit zu prüfen, ob das was uns gesagt worden ist, tatsächlich der Wirklichkeit entspricht? Denken das Wir und das Ich richtig? Wer stellt sich dieser Frage, wer will – und kann sie beantworten. Etwa wir uns selbst?

Der auf Richtigkeit Bedachte wird sich sehr viel Mühe geben müssen, wenn er dem „Planet der Selbstverständnisse" auf den Grund gehen möchte. Nicht nur halb, nicht nur zu 99%.

Was ist ein **„Selbstverständnis“**?

Was lös(t)en **„Selbstverständnisse“** nicht nur hier, auf dieser Erde, aus? Was will – oder soll das **„Selbstverständnis“** in einem „Ich“ oder in einem „Wir“ erreichen?
Wer und was programmiert(e) das **„Selbstverständnis“**? Seit wann gibt es **„Selbstverständnisse“**?
Formen sich Charaktere durch das „Selbstverständnis“, oder umgekehrt?

Warum sind **„Selbstverständnisse“** notwendig?
Von wem möchten **„Selbstverständnisse“** eine Anerkennung bekommen? Wie passen Wirklichkeit, Gegenwart, Liebe, Einsicht, Weitsicht, Gott, Wahrheit, Weisheit und **„Selbstverständnisse“** zusammen? Woher Verstand bekommen, oder erbitten, um Fragen nicht nur halb durchdenken zu können...

Über den Autor:

Von einem wie selbstverständlich Glaubenden zu einem wie selbstverständlich glauben Sollenden zu einem wie selbstverständlich Glauben lehren Wollenden zu einem nicht mehr wie selbstverständlich Fragenden zu einem nicht mehr wie selbstverständlich Glaubenden, der um Verstand und Weisheit bittet, weil er beide nicht in sich entdecken konnte, nur bei dem, den er bat, sein Lehrer zu sein.

Ohne zu prüfen, was wir glauben, ohne prüfen zu lernen, was wir glauben, ohne zu lehren, wie Geglaubtes zu prüfen wäre, wachsen wir Menschen hinein in die geglaubten Selbstverständnisse. Wann wird ein Ich oder auch ein Wir anfangen, das zu prüfen, was es gelernt hat, was es dann lehrt und weitergibt? Gibt es da eine Reifeprüfung als Beispiel? Was werden erst für Probleme auftauchen müssen, damit so ein Denkprozess beginnen kann, der ein weises Nachsinnen mit Tiefgang und Grundberührung ermöglicht...

Ein Ich, ein Wir, in die größte Falle der Geschichte hineinlaufen zu lassen – sie jedoch da auch wieder herausholen zu können, ohne Zwang anzuwenden, das ist eine Meisterleistung des Allerhöchsten, des Ewigen, die ihresgleichen vergeblich suchen wird. Sich ein „eigenes Bild“, eine „eigene Religion“, einen „eigenen Glauben“ von und an einen Gott zu erdenken, für das Selbstverständnis, und dann aus diesem Selbstverständnis wieder heraus, das ist jener Weg den die Gedankenzusammenstellungen in diesem kleinen Buch anbieten.

Der Weg führt über den Mensch Jesus Christus. Er allein möge als Maßstab für die Gedanken eines „Allerhöchsten“ dienen, für die Gedanken eines unwandelbaren Geistes und Gottes der wie ein Vater denkt und handelt, nie irgendeinem Selbstverständnis entsprechend, sondern ausschließlich nach seinem Verstand – (s)einer G.I. – beides kann sogar auch noch erbeten werden.

## Vorwort

Die Absicht des Autors ist es, den Sinn der Zeit und unseres Hierseins verständlich und hinterfragbar darzustellen, ohne die aufgebauten Mauern Stolz und Würde einfach nur einzureißen. Uns, die wir im Jetzt leben, steht die Möglichkeit offen, über die Bretterwände unserer Selbstverständnisse hinwegzuschauen. Sich als Betrachter im Heute als „Wissender" zu verstehen, das wäre eine Anmaßung die ihm und uns Menschen nicht zusteht. Doch wenn da ein tatsächlicher Gott ist, der uns seine Hand durch seinen Sohn angeboten hat, dann sollten wir Menschen sie nicht ausschlagen, weil sie nicht nur uns durch die Gegenwart trägt.

Um „des lieben Friedens willen" ist der Mensch Jesus Christus keinem Selbstverständnis „entgegengekommen". Jedem Ich, sei es nun hier auf der Erde, im „Kosmos" oder im „Universum", steht es jedoch frei, das zu glauben, was es für richtig hält. Alles andere wäre eine Diktatur.

Da ist ein Unterschied zwischen einem „neuen kosmischen Bewusstsein", einer „neuen Weltordnung" und dem Glauben jenes Menschen, der mit seinen Worten und seinem Leben auf die Gefahr, die in jedem unserer Selbstverständnisse steckt, aufmerksam gemacht hat. Aufmerksame werden da genauer denken lernen wollen: Grundsätzliches, Logik und Fundamente lassen sich nicht voneinander trennen.

Auf einem Planet, auf dem, unbewusst, jeder mit seinen Vorstellungen, mit seinem Selbstverständnis, mit seinen Fähigkeiten und mit seinen Absichten sich selbst der Nächste ist, mit auf ihm zu leben – würde das dem „Allerhöchsten", dem „Ewigen" schwerfallen, wäre er dort oder hier überhaupt „erwünscht"? Wie dieses Problem lösen? „Alte" Gesetze, „neue" Gesetze. Was ist eine „neue" Gesinnung, ein „neuer" Geist, ein „neues" Herz „für ein Miteinander der Völker im Kosmos, im Universum"? In was wachsen wir da auf dieser Erde – noch – hinein?

Uns, die wir im Jetzt und im Heute leben, denken und glauben, bleibt es überlassen, genauer hineinzuhören in Gesagtes, sich hineinzulesen in Geschriebenes, in die Not der Zeitlichkeit, in den Sinn unseres Hierseins, in den Laptop der Wirklichkeit.

„Liebe" – jedoch ohne Wahrheit, Weisheit, Güte, Gnade und Barmherzigkeit wäre nur eine Brennstoffzelle, begrenzt durch ihre Zeitlichkeit.

## Angedachtes:

Wenn ich jemanden
lieben und loben soll,
dann möchte ich
ihn auch verstehen.
Verweigert er mir
die Einsicht in sein Denken,
dann könnte es
auch der Teufel sein.

Vertraue, glaube, deinem Selbstverständnis, deinem Glauben – du wirst dir ein eigenes Bild von einem Gott machen – und unweigerlich erblinden.

Danke, Gott, dass
du uns mit deinen Gedanken
näher bist als wir
dir – mit unseren Gedanken.

## 1. Grundsätzliches

Auf dieser Erde leben heute viele Menschen. Wann waren es wenige, wann fing es an, dass es uns Menschen gab? Evolution oder Schöpfung, was war da tatsächlich? Wer könnte ein persönlich beteiligter Augenzeuge gewesen sein? Jeder andere wird glauben müssen oder wollen – oder auch nicht. Wann werden hier zu viele Menschen sein und was geschieht dann? Was glauben „Wir", die mit dem Wunsch geboren sind: Ich will verstehen und nicht nur meinem Wissen glauben müssen. Die „Wirklichkeit" – was ist das? Benzingläubige, Machthungrige, Wirtschaftstheoretiker und KI-Programmierer rasen noch auf den sich verbreiternden Autobahnen durch eine „Natur", durch eine Schöpfung, die unter ihrer Belastung stöhnt, aufbegehrt und am Zusammenbrechen ist.

An den „Fortschritt" Glaubende, an ihr Wissen Glaubende, einschließlich der an ihre Religion und Weltanschauung Glaubenden, sie begegnen sich in einem Strudel, der sie hinzieht: Nach oben oder nach unten? Was ist oben? Was ist unten? Darüber streiten sich die Götter, doch welche Götter sind das?

Zur Welt gekommen sind wir glaubend, vertrauend auf das, was uns über „uns" erzählt wird. Auf das, was „Wir" später oder auch schon heute hören, lesen und „studieren" werden. Wir wachsen, bis wir die „Erwachsenen" sind. Der Körper hört auf größer zu werden – etwa von selbst? Oder von wem oder durch was wurde das programmiert?

Der Geist scheint in eine „Reife“ hineinzugleiten, die ihn „scheinbar“ anpassungswillig, verständig und „kompatibel“ werden lässt. Angepasst an was? Kompatibel mit wem? Das, was er denkt und zu wissen glaubt, „unser Geist“ und die Tatsächlichkeit – das sind zwei verschiedene Dinge und nicht immer deckungsgleich. Der Glaube ist das Selbstverständnis. Dessen Inhalt ist das „Wissen“, das angelernte, das übernommene, das gegessene und mitunter schon wieder vergessene. Das Wahrgenommene, das Gesehene, das für sich Gedeutete, ist zu einer sehr teuren und lebensgefährlichen Angelegenheit geworden. Wer tatsächlich etwas mehr gesehen hat als er sollte oder durfte – und nun glaubt zu wissen was er redet – der wird bewundert, umgebracht oder auf andere Weise „aus dem Verkehr gezogen“. Nicht nur in Jerusalem, Istanbul, London, ganz egal wo. Vor welchem „Wissen“ haben Menschen Angst? Gibt es da zweierlei Arten von „Wissen“? Ein offizielles und ein genaueres, unbequemes?

Doch woher kommt jenes unbequeme, nicht offizielle „Wissen“? Wer seine Nase zu tief in herumliegende Steine steckt, wird auch stolpern. Was ist aber mit Jenen die in einem steinigen Land geboren wurden? Augen zu und durch? Ist es nicht jedem „Ich“ freigestellt, sich in einem „Wir“ einzuordnen, oder auch sich nicht einzuordnen? Wer wird dazu gezwungen, vorsichtiger zu denken, zu reden und zu schreiben – über was – über wen? Dem „wagemutigen“ Ich werden Erfahrungen „begegnen“: Getötete können nicht mehr Anteil nehmen – oder reden Gestorbene?

Da es nicht verboten ist über den Rand des eigenen Sandkastens hinauszuschauen – bitte warm anziehen. Ein kalter Wind ist nicht auszuschließen. Nur das Zurückfallen in das „gewohnte" Nest der Selbstverständnisse bietet die bekannte Temperatur an, mit der es sich bequem mitschwimmen, mitfliegen, mitträumen – und garantiert „wie üblich" sterben lässt. Wie „selbstverständlich", aber für junge Menschen ist es heutzutage – noch – „nebensächlich" Grundsätzlichem auf den Grund zu gehen. Oder tun sie es nur mit einer gemäßigten, einer „halbherzigen" Absicht?

Ein Ich das leben möchte – wann beginnt es sich hineinzufragen, in den Hintergrund der Weltgeschichte? Was ist da nun der Hintergrund einer vollzogenen Absicht? „Lasst uns Menschen machen (konstruieren, ins Leben rufen), ein Bild (Abbild) das „Uns" gleich sei". Wer ist das „Uns"? Wer ist das „Wir"?

Auch wenn wir dumm oder besser unwissend geboren sind, wird es nicht so bleiben müssen. Doch was für Ziele sind „uns Menschen" wichtig, und möglich? Wollen „Wir" nur das Produkt unserer eigenen Vorstellungen, unseres eigenen Glaubens sein und bleiben?

Dem Leser wie dem Autor ist es überlassen worden, Gedanken und Informationen zu übernehmen, zu prüfen oder zurückzuweisen. Warum, wo zu und wann? Was wäre klug und weise oder nützlich – und zu welchem Zweck?

Lebensziele, Nah- und Fernziele sind nicht ohne Weiteres voneinander zu trennen. Da kein Ich klug und weise geboren wurde, liegt sie vor uns, unsere Sandkastenzeit. In ihr „dürfen“ wir „spielen“, unseren Selbstverständnissen entsprechend, um Grundsätzliches verstehen lernen zu können und nicht nur um „sich selbst zu finden“– jeder Mensch auf seine Weise.

Selbstverständnisse wuchsen und wachsen heran, bis sie Grenzen erreichen. Und was dann? Reicht es aus, sich zu diesem oder jenem (geglaubten) „Wissen“ zu „bekennen“? Wo bleibt der große Aufschrei, wenn da irgendeine Macht Gewalt anwendet bzw. glaubt, diese anwenden zu müssen. Um das „Gleichgewicht des Schreckens“ auf dieser Erde aufrecht erhalten zu können, wird nicht nur eine effiziente Abhör- und Waffenaufrüstung notwendig sein. Um die „Führung“ zu „verteidigen“ oder sie übernehmen zu können, wird Angst als Mittel zum Zweck genutzt. Zu welchem Zweck? Damit Völker sich gegenseitig auf diese Art und Weise „anzuerkennen haben“? Sind zweieinhalb Weltkriege dafür nicht ausreichend? Wer hat sich da nun um „Grundsätzliches“ zu kümmern? Wir, die wir „nur“ leben wollen – oder Jene, die „sachverständiger“ sein sollten?

Was passiert, wenn da nun auch noch eine „außerirdische Macht“, „unsere Sternengeschwister“, mitmischen wollen, die da auf ihre Selbstverständnisse pochen? Wie blind sind wir immer noch?

## 2. Der Wunsch nach Gewissheit

Wer möchte sich seiner Sache, an die er glaubt, nicht sicher sein? Von der sie, er oder das „Wir" überzeugt ist – und dann beabsichtigt sie bis zum Ende, bis zum geglaubten Erfolg „durchzustehen". Wer mag schon vorher etwas weiterdenken, wenn er erst beginnt. Also wird erst einmal, mit dem Selbstverständnis als Maß, in das Blaue dieser Erde hineingetappt. Hiersein, hineinleben, hineinblasen, hineinriechen, herum und heraus experimentieren. Das Maß „Selbstverständnis" wird erst einmal subjektiv und blind sein. Was wäre zweifellos objektiv? Durch wessen Augen wäre eine objektive Sicht möglich? Dem Schaffenden sind solche Gedanken nicht unbekannt. Wer wird sie (nicht) „erfunden" haben wollen – die Mausefalle und die Menschenfalle.

Das sich entfalten wollen und können – jedes Ich auf seine Art und Weise, nach den eigenen Vorstellungen und Möglichkeiten, dem „eigenen" Selbstverständnis hinterher – das sei der Lauf der Welt. Doch welches Ich, ob nun männlich oder weiblich, möchte sich nicht geborgen und sicher wissen, in seinem Glauben, in seiner Annahme, in seiner Überzeugung und in seiner Welt? Unbewusst ist da wohl das „Ich denke richtig" geboren worden, aber noch nicht als Frage: „Denke ich tatsächlich richtig?". Sie wird erst später „wahrgenommen" oder verdrängt – oder einbetoniert.

Persönlichkeiten sind so entstanden, Prinzessinnen und Prinzen, Präsidenten, Propheten, Prediger, Pastoren, Priester, Päpste, Pauker und Politiker. Herzöge, Könige, Kaiser – Zaren und Zimmermänner. Menschen, doch auch „Außerirdische“ Engel, haben ihre „Ausbildung“ durchlaufen, oder gibt es die etwa nicht?

Wer waren im Gestern ihre Vordenker und wer sind im Heute unsere „Vordenker“? Haben wir uns selbst unbewusst zu Theoretikern und Schriftgelehrten „formen“ lassen? Worte hören und dann wählen. Ist das Zünglein an der Waage das „eigene“ Selbstverständnis oder das Selbstverständnis Anderer? Mit welchen Gedanken und Hintergründen werden Worte im Heute benutzt – etwa nicht um Wahlen und Entscheidungen zu beeinflussen?

Hatte das Ich, das Wir, je eine „freie Wahl“? Wem wird es hinterherdenken wollen? Sich ein eigenes Bild zusammenbasteln kann einfach, beschwerlich bis sehr gefährlich sein. Wo nach Beispielen suchen, an denen „Wir“ uns orientieren könn(t)en – mit welchen Zielen? Ein Kind, das da vor unserer Nase – noch – „unerzogen“ herumspielt – wen wird es nachahmen? Wo wird es sich geborgen fühlen? Wann wird es sich sicher und geborgen wissen? Wie selbstverständlich wird es glauben und vertrauen? Im Schoß einer (Rest-)Familie wächst so ein Ich in was für eine Gewissheit hinein? Glaubt es „unerschütterlich“ – ist es sich auch sicher dass es geliebt wird – und verstanden?

Welches Kind setzt nicht wie selbstverständlich voraus, dass es da hingehört, wo es gerade lebt. Geliebt, geduldet, gehasst. Wie wird es hineinpassen – wo passt es nicht hinein...

Auch als es noch nicht da war? Was ist für ein Kind „selbstverständlich“? Wem soll und kann es vertrauen?

In die Schere zwischen dem „Ich-denke-richtig-Glaube“ und dem „Wir-denken-richtig-Glaube“ wird jedes Ich, doch auch jedes Wir hineinwachsen – mit welchen Ergebnissen? Für was – und ab wann ist der Mensch, das einzelne Ich, nun „verantwortlich“, wenn er in dieser oder in jener Zeit, in diese oder in jene S(ch)icht hineingeboren worden ist? Wer wird sich seiner Sache nicht sicher sein wollen, für die er sich bis zum Umfallen einsetzen möchte? Wer will, wer darf, wer kann und wird da schon auf die Suche gehen, nach Jenem, der sich nicht nur diese Erde und die Probleme auf ihr „ersann“. Ein Blick hinein, in das von uns Menschen zwar gesehene, aber mit Sicherheit noch nicht verstandene „Universum“ – was „offenbart(e)“ es dem Betrachter – einem Abraham? Erst einmal das für menschliche Auge „Sichtbare“, das wir mit unseren Selbstverständnissen interpretieren, mit „unserem“ Glauben. Doch wie wollen wir nun das „Unsichtbare“ verstehen? Wie können wir es verstehen, wenn die „Erklärungen“ für das uns Sichtbare noch vorne und hinten hinken, und es da auch keinen „Goldenen Mittelweg“ gibt?

Wer wird sich da nicht als „Mit-Mensch“ hineinleben wollen, in das bisher so gewohnte Hiersein, in den bisher so gewohnten „Fortschritt“? Sicher, er wird auch geistig wachsen, doch wird er je den Sinn seines Seins voll ausschöpfen wollen und können, und als Notwendigkeit erachten? Sich Gewissheit „verschaffen“ auf dem Planet der Selbstverständnisse – doch wie? Wenn es den Mensch Jesus Christus nicht gegeben hätte – wie und von wem würde der auf Richtigkeit Bedachte eine „Bestätigung“ seiner Sicht „von dem da Oben“ bekommen wollen. Wer möchte schon auf ein menschliches Zeugnis verzichten?

Sich seiner Absicht und seiner Überzeugung bewusst und gewiss, scheint das nicht auch der Teufel zu sein? Doch wer wird schon für Ahnungslose sterben wollen? Ob der Teufel, der Große Widersacher, „das Böse“, wohl auch ahnungslos oder sogar blind ist?

Wer nimmt es wahr, das unsichtbare, unbewusste Töten der Seele, und wer nimmt es ernst? Aus Unwissenheit, Trotz oder Machtlosigkeit zu resignieren, ist wie selbstverständlich mit „eingebaut“ worden. Von wem? Ist die Weltgeschichte gar nicht so lustig, wie sie manchmal noch aussieht?

Das Mitschwimmen, in dieser oder jener Sprache, in diesem oder jenem Volk, in diesem oder jenem Strom, in diesem oder jenem Glauben, immer nur den Vorderen hinterher, was geschieht da wie „selbstverständlich“ oder automatisch? Mit Sicherheit ist da auch die sich gewünschte „Gewissheit“ zu finden, aber ist es eine objektive?

Wann und wie kam es, dass Jener oder Jene uns hier auf dieser Erde wollten? Von was waren und sind die Menschen immer noch „abhängig“? Von Worten und „von den lebenserhaltenden Früchten vom Baum des Lebens“? Wessen Worten da nun „Glauben“ schenken – die der „natürlichen“, menschlichen, noch blinden Selbstverständnisse?

Gedanken wird er sich schon machen wollen, der Mensch, es sogar müssen, dürfen und können. Noch ist es nicht verboten, aus dem Sandkasten „Selbstverständnis“ herauszuklettern. Nicht nur, um in andere Sandkästen theoretisch hineinzuschauen. Es ist auch nicht verboten, in andere Sandkästen hineinzusteigen – und in den eigenen wieder zurückzukehren. Oder gibt es da auch noch andere Lösungen? Sich ein Weltbild ausdenken oder übernehmen, sich ein Symbol „seines“ Glaubens um den Hals zu hängen – nichts leichter als das. Jener Gott, der einen halben Mond in seiner Hand hält, Jener der die Erde bisher erfolgreich von einer Sonne bescheinen lässt, Jener Gott, der den Menschen auf ihre Bitten hin Einsicht, Verstand und Weisheit, aber ohne Wahrheit und Liebe „liefert“ – welcher darf es sein? Tragisch ist das sich bequeme, traditionelle „Festbeißen“ und verlaufen in eine eigene Sicht, in das eigene Selbstverständnis.

Doch auch hier wird „gültig“ sein: Der ernsthaften Bitte um Weisheit geht die Einsicht voraus, sie nicht zu haben. Ersetzbar ist sie nicht durch den Glauben a n jemanden der Verstand und Weisheit hat – oder zu vergeben hat. Da fehlt etwas mehr als ein (Selbst-)Zeugnis. Neben der übernommenen Kurzsichtigkeit ist die beginnende Weitsicht eine Gabe – und erst dann die Begabung der Weissagung – als Zeugnis.

In der Regel hat der Mensch den Wunsch dort zu leben und „Zuhause“ zu sein, wo er geboren wurde: Hier auf dieser Erde, in seinem Sandkasten. Doch die Sandkästen sind nach wie vor durch viele Bretterwände voneinander getrennt. Der Horizont reicht mitunter kaum noch bis zur Toleranz „anders“ Denkender. Oft fängt die Intoleranz schon im eigenen Nest an, nicht nur im „beobachteten“ Nachbarsandkasten. Mitunter fliegen da Sand und sogar Steine hin und her. Eine nicht unbekannte, mitunter kaum unterdrückbare, nur noch „demokratisch“ oder „autokratisch“ regelbare (Streit-)Kultur. Die gibt es auch im eigenen Nest.

Auf jenem Planet, den der Töpfer für uns und seine Ziele wollte, „begannen“ wir in einem Garten, bearbeiteten Felder und Wälder und bauten uns dann ein Haus. Im Heute scheint alles auf den Kopf gestellt: Wir bauen erst das Haus, dann den Garten, dann die Felder, dann die Wälder, aber wozu? „Später“ – oder etwa gar nicht mehr – machen das für uns „die Anderen“ – etwa A-Meisen, KI-infiziert – mit einem 3-D-Drucker im Tornister?

Wo hat der Mensch sich keine Häuser gebaut, seine (Be-)Reiche, seine Paläste, seine Burgen. Im Heute jedoch auch atombombensichere unterirdische Bunker mit Swimmingpool und „Sicherheits-Raketen. Nicht nur, um da draußen das Universum „zu erkunden“, sondern um anderen Lebewesen im Weltall „begegnen“, sich eventuell auch verteidigen zu können. Für wen hat es sie nicht zu geben?

Hier, auf dieser Erde, tauchen sie auf: Vergessene, unterdrückte, nicht ernst genommene Informationen über eine nicht immer lustig abgelaufene Weltgeschichte, die da stattgefunden haben muss und stattgefunden hat. Unübersehbare Zeugnisse, nicht nur Pyramiden in den verschiedensten Ländern – auch Artefkte auf anderen Himmelskörpern – aus denen nicht ohne Grund Legenden wurden. Aus „guten" Gründen – oder sind da auch absichtlich irreführende dabei?

Sich eine Gewissheit zu „erglauben" und sich dann in ihr geboren „wissen", zu „ruhen". Wo und von wem wird das so von einem Ich verstanden? Reicht es aus, gewollt, geliebt, mehr oder weniger gemocht – und benutzt zu werden? Wo denn sonst noch hin, und wo hinein – wieder zurück in ein „eigenes" Selbstverständnis, mit einem Selbstzeugnis?

Liebe, nicht die mit „gewaltigen Gefühlen" und Schmetterlingen im Bauch, sondern jene, die mit Weisheit, Güte und Verstand jedem Ich hinterher barmt. Woher sie nehmen, wenn Jener, der sie zu vergeben hat, weder bedacht, gebeten noch befragt wird.

Und dann sind da die nicht flachen Fragen, Gedanken, Gefühle, Empfindungen, Wahrnehmungen. Wie sie einordnen – auch die in sich selbst. Warum logische, berechtigte Zweifel übersehen, ignorieren, nicht wahrhaben wollen...

Die gepredigte Gewissheit – von Glaubensgemeinschaften, von Religionen und ihrer Priester – die der verschiedensten Gottesverständnisse – wer wollte sie? Doch nun ist sie – neben vielen Überzeugungen und Weltanschauungen – hineingeflossen, in die Gedanken der Menschen, auf dem Planet der Selbstverständnisse. Subjektiv oder objektiv oder real, was ist real?

**Wer die**
**Anerkennung sucht, der beendet seine Unreife,**
**wenn er sie von Gott will.**
**Ein Selbstzeugnis ist damit nicht gemeint.**

**Wer die Weisheit**
**nicht suchen will,**
**verbindet Gott dem**
**die Augen –**
**mit dem eigenen**
**Selbstverständnis?**

## 3. Der „alte Mann“

Einem Kopf gleicht sie, diese Erde, auf dessen grauen Haaren sich viele Vögel ein Nest gebaut haben. Schwalben, Stare, Nachtigallen, Amseln, Drosseln, Zaunkönige, doch auch Adler, Falken, Tölpel, und Tauben. Nestränder sind entstanden. Hohe, flache, klug gebaute, nachlässig zusammengeschusterte, durchlässige – und „vollgesch... In irgend ein Nest wurde hinein geboren, blind und noch unverständig, um darin groß zu werden. Wer hatte schon die Möglichkeit, sich sein Nest vorher auszusuchen? Aber nun fliegen sie, die Youngster, von diesem Nest ins nächste Nest, noch sehr blind – um den Kopf herum, der sie trägt. Nicht nur, weil das Nest voll ist oder zu unbequem oder zu ärmlich. Was konnten sie, was können sie Heute, Jene, die uns den Nestbau lehrten und das Fliegen? Was werden sie nun wollen – all diese Vögel und deren Lehrer?

Lässt er sie nun auf seinem Kopf gewähren, der „alte Mann“? Was „ahnen“ die Vögel, die da um ihn herumfliegen? Was „wissen“ sie schon über den Kopf, auf dem sie leben? Von seinen Gedanken, von seinen Absichten, von seiner Geduld. Oder schüttelt er sie eines Tages einfach nur so ab, die lästigen Vögel? Spürt er sie auf seiner Haut? Und die Bohrer, die versuchen durch die Schädeldecke zu dringen? Um was geht es ihm, was hört er, was sieht er, was denkt er, was fühlt er? Vor seinen Augen fliegen sie herum, noch entsetzlich blind, spielend, mit- und gegeneinander kämpfend. Irgendwann werden sie den Mund, die Ohren, die Nase und andere Öffnungen entdecken, um auch da hineinzufliegen. Um auch da ihre Nester zu bauen?

Werden sie den Augen von Angesicht zu Angesicht begegnen wollen, in die sie irgendwann sehen werden? Augen, die sich schon lange Gedanken gemacht haben – um jene Vögel, die sich ihrerseits auch Gedanken zusammenkratzt haben, keine dummen – und nicht nur Gedanken. Besteht das Miteinander – in einer Vogelwelt – nur aus Krallen, scharfen Schnäbeln und Raubzügen?

Hat er sie gewollt, die sich auf seinem Kopf entfaltende „Vogelwelt"? Diese Vielfalt von einem „Fressen und gefressen werden"? Da wird sich alles andere als lustig herumgebalgt – um den letzten Regenwurm und um den besten Platz auf einer sich lichtenden „Oberfläche", da wo es noch Wasser gibt. Da, wo noch ein paar Haare stehen. Lassen die sich nicht auch noch zum Nestbau benutzen, roden, ausreißen oder umhauen? Oder fallen sie so ganz nebenbei von selbst aus?

Kleine, große, kluge – nicht kluge „Vögel" – wird es sie geben? Auch jene, die vielleicht etwas mehr denken als ein gewöhnliches „Spatzenhirn"? Vielleicht haben da aber auch schon einmal einige – der Vögel – hineingeschaut, in diese wunderbaren, gütigen, geduldigen und klugen Augen, die auch ohne Worte so viel ausdrücken können.

„Seinen Nestrand zu erreichen, um wieder mal „hineinzuschauen" – was ist das, so ein Nest? Was passt da alles mit hinein? Wie viele Nester passen da auf so einen Kopf?

Und was mag da nun durch den Kopf eines alten Mannes gehen, der sich nicht verweigert, zu ertragen und zu sinnen?

Drei große Horste fallen auf. In ihnen wurden Falken geboren. Und Tauben. Nicht nur stolze Schwäne und Adler nennen Abraham ihren Vater. Und da sitzen sie nun, auf ihren Nesträndern, rupfen sich nicht nur gegenseitig die Federn aus, sie zerlegen sich gegenseitig – und ihre Nester. Alle wollen erster, nicht zweiter Sieger sein. Reich, nicht arm, und von niemandem abhängig – außer – von ihren Selbstverständnissen. Irgendwo da drin muss auch ein Kuckuck geboren worden sein, der seine Eier wie selbstverständlich in die verschiedensten kleineren oder größeren Nester legt – und selbst kein Nest baut. Dann sind da noch die Elstern, die sich so gern Glitzerndes um den Hals hängen. Oder der stolze Pfau, der gleich mit einer Krone geboren wurde.

Wird der Kopf des „alten Mannes“ nun schwanken, wenn da jemand in seinen Ohren herumbohrt oder durch die Nasenscheidewand dringen will? Irgendetwas Unkluges muss da geschehen sein. Was ist uns auf dieser Erde noch nicht aufgefallen oder noch nicht eingefallen worden? Was ist da in der Geschichte dieser Erde passiert? Was ist den „Nestverwaltern“ – neben ihren Selbstverständnissen – alles eingefallen – um Einsichten, Weisheit und Verstand vermitteln zu können? Dazu vielleicht auch noch ein „fleischernes“ und nicht ein aus Stein gehauenes Herz, für die „persönliche Anteilnahme“ an der „Vogelnestwelt“ – die sich gegenseitig „zumüllende“?

Nicht nur die vielen schönen kleinen Begegnungen sind von Interesse. Was für Gedanken da wohl im Heute durch den Kopf dieses „alten Mannes“ gehen, wenn sich Vögel streiten. Ist da ein Seufzen zu hören, einer großen, tiefen Seele, eines großen, göttlichen Ichs, Engels, oder „Außerirdischen“? Können sie nicht auch fliegen? Sie sind zwar keine Vögel, doch wo sind ihre „Nester“...

Kuschelig, warm und blind geboren sein – ist das klug? Wie sonst wäre das „klug und weise werden wollen“ begreifbar und möglich – in einer Welt, die auf dem Kopf von jenem „alten Mann“ lebt. Er kann nicht nur hören, sehen und denken – erkann sogar reden. Doch was wird er sagen, zu dem Dunst, zu dem Staub, zu dem was da aus den Nestern so ganz nebenbei auch noch herausquillt. „Restmüll“, leere Batterien, nicht mehr brauchbares Wasser, Plastikmüll, Strahlendes, arg Stinkendes, und andere Dummheiten.

Oder ist der Kopf am Ende doch noch viel, viel mehr? Ist er der Spiegel einer Seele, von einem Ich, das möchte, dass Menschen und Tiere leben – doch nach wessen Regeln...

## 4. Korruption und Weltgeschichte

Erst die jüngere Geschichte, die von uns Menschen aufgeschriebene, lässt erahnen, was da und dass da etwas in uns Menschen schlummert. Was? Will das Ich und das Wir nicht wissen, dass es die Möglichkeit bekam, unbewusst bis sehr bewusst, zuerst an sich zu denken? Und dazu benutzt es seine eigene Sicht: Das zusammengesammelte und übernommene „Selbstverständnis". Die Umwelt wird zwar auch am Rand mit „wahrgenommen", ernst aber erst dann, wenn die Umwelt das eigene Leben bedroht – nicht nur seelisch. Diese „Bedrohung" jedoch geschieht sehr langsam, schleichend, so ganz nebenbei. Sie wird wie selbstverständlich ertragen – und nicht ernst genommen.

Wie selbstverständlich werden dafür „Lösungen" aufgesaugt – doch um sie herum gepilgert, mit den verschiedensten Argumenten. Nicht auf die ersten ernsten Folgen zu reagieren, nicht hineinhören zu wollen in die „Sache der Zeit" – was ist es was da der Seele fehlt – „Mehr Licht"? Lediglich eine Stelle bietet an: Einsicht, Verstand und Weisheit – und ein wieder göttliches Herz – erbittbar. Die Blutpumpe für die Versorgung der einzelnen Körperteile und Organe ist damit nicht gemeint. Wem da „ein Licht aufgeht", der wird das auch mit Worten ausdrücken können. Gute, kluge berührende, bewegende, und nicht die gewohnten. Das sich selbst loben und streicheln, unbewusst, bis leider sehr bewusst – nichts leichter als das – aber nicht ungefährlich – und garantiert tödlich.

Ein Vater, Priester und Lehrer – und seine zwei Söhne. Wie selbstverständlich in den Dienst ihres Vaters hineingewaschen – mit einer sehr großen Verantwortung für ein großes Volk. Eine Verantwortung, die – leider – zu einer nicht mehr ernst zu nehmenden, zu einer sich selbst bedienenden „Selbstverständlichkeit“ herabgesunken war.

Es war, und es wird nie das Alter sein. Es war und ist die Bequemlichkeit – und die gewohnte (Selbst-)Anerkennung, die tiefe, negative Spuren in jedem Ich, in jedem Wir, in diesem und in jenem Volk hinterließ – und noch immer hinterlässt.

Doch wer lässt sich schon gern von seiner Butterquelle trennen und isst das Brot trocken. Es findet sich nicht immer gleich eine bessere Stelle in der „Wirtschaft“ – in der „Politik“ – in den „Religionen“ – für den Bauch, für den Wohlstand, für das „Image“ – für den „Altersruhestand“...

Es empfiehlt sich, das Folgende nachzulesen: Eli, ein Priester, seine beiden Söhne Hophi und Pinehas, sie „verdarben“ durch ihr korruptes, unmoralisches, selbstgefälliges, gesetzwidriges Verhalten – durch ihr „Vorbild“ – fast – ein ganzes Volk. Ihr Eigenwohl stand offen sichtbar vor dem Allgemeinwohl eines ganzen Volkes und jener Sache, der sie dienten. Zu finden im ersten Buch des Sehers Samuel, in den ersten drei Kapiteln.

Menschen, die sich das Beste unberechtigt, „heimlich bis unverfroren“, eigenmächtig und gesetzwidrig „herausfischen“, für sich und „ihre

Familie“ – sie offenbaren einen nicht unbekannten Charakterzug...

Doch dann bekam auch sein Nachfolger Samuel seine „Lektion“. Seine Söhne Joel und Abia trieben es noch ärger: Ehrsucht, Rechtsbeugung und Korruption. Für den Vater, als verantwortlicher Richter, eine fürchterliche Katastrophe mit weitreichenden, gesellschaftlichen und politischen Folgen – auch auf die Weltgeschichte: Ein Volk wurde dadurch in seinem Grundverständnis erschüttert – und wendete sich angewidert einer anderen Staatsform zu, noch ohne den Allerhöchsten ganz aus ihrem Selbstverständnis zu streichen. Sichtbar und verständlich wird dadurch, dass auch der beste Charakter nicht vererbbar ist. Siehe ebenfalls erstes Buch des Sehers Samuel, achtes Kapitel. Wer wird da schon seinen Charakter ändern wollen, wenn er nicht in den Spiegel schaut – oder einem (guten) Beispiel hinterhersinnt...

Ab wann jedoch waren der Korruption Tür und Tor geöffnet? Waren sie je geschlossen? War Korruption nicht auch schon vor unserer Zeit möglich? Wo, wie und warum? Freiheit, das bedeutet auch Freiwilligkeit, Selbstkontrolle, Selbstkritik, Einsicht – nicht nur „Friede, Freude, Eierkuchen“, und viel „Liebe“. Wird sie als Worthülse nur dafür „benutzt“, um sich wohl und geborgen zu fühlen?

Die Korruption und ihre Folgen lassen sich, gleich der Spitze eines Eisberges, nicht nur aus der Tagespresse entnehmen. Klug recherchierende, aber dennoch nicht zimperliche Reporter profilieren sich. Sie wagen sich in die Räder des Wagens hinein, springen mit auf den Wagen, und landen mitunter, mit den besten Absichten, vor und unter den Rädern. Wegen ihres „Gewissens“?

Selbst nicht korrupt zu sein, unbewusst, sich selbst zu prüfen, sich nicht selbst einen „Vorteil“ herauszunehmen – wäre es nicht dumm, ihn nicht zu nutzen? Was ist es, was dem Ich überlassen bleibt? Welchen Gedanken wird das Ich (nicht) hinterhersinnen wollen. „Sieht doch keiner“ und „Machen doch alle so“. Wem da einen Raum in sich überlassen? Will das Ich sich selbst als Beispiel „dienen“? Es reicht doch wohl aus, dass sie die großen Fische fangen, warum aber ausgerechnet mich?

Was denkt sich so ein „Whistleblower“? Ein Ich, das sich in ein Wir mit hineingezogen sieht. In windige, in scheinheilige oder in seriös aussehende und scheinbar gutgemeinte Absichten, die einem auf Richtigkeit Bedachten dann doch irgendwann Magenschmerzen bereiten werden. Ein Ich, das nun mit dem „Insiderwissen“ und der „Schweigepflicht“ in eine der vielen Krisen seines Lebens hineingestolpert ist. Wer wird es „auffangen“ wollen und können?

„Die Liebe“, sie duldet alles, sie glaubt alles, sie hofft alles. Bis Gras über die Sache gewachsen ist? Wer ist das Kamel, das es wieder abfrisst und die Gründe von katastrophalen, vertuschten Folgen offenbart? Was ist eine dadurch entstehende Armut, was ist ein durch „Insiderwissen“ erreichter „Wohlstand“? Auch der durch Unwissenheit erreichbare – der noch „dumm gehaltenen

Schafe“. Wer lehrt das „hineinschauen, das nachdenken – um das Gedachte (dann Geglaubte) prüfen zu können?

Was soll(t)en Lehrerinnen und Lehrer nun unseren Kindern „beibringen“, wenn sie keinen Kontakt zu jenem Lehrer suchen, der auch ein Zeugnis ausstellen kann? Kein schriftliches, ein ohne Worte am Leben ablesbares. Wie sonst das jederzeit offene Tor der Korruption meiden, um es nie mehr zu benutzen?

Und dann ist da auch noch die „Demokratie“, die Mehrheit über die Minderheit, auch über die Wahrheit – trotz besseren Wissens. Sie sei die schlechteste aller Regierungsformen, doch er wisse keine bessere, sagte Winston Churchill 1944 in London. Ist nicht auch sie nur ein großes Tor für die Korruption? Denn um eine Mehrheit zu „mobilisieren“ – und um „an die Macht zu gelangen“ – bedarf es auch einer „Investition“, um die Gunst der Wirtschaft, der Industrie, des Kapitals und der Wähler „zu erwerben“. Worte und Versprechungen, sie kosten viel Geld. Wer will sich nicht umworben wissen und hört sich „Parteiprogramme“ sehr genau an, bevor er wählen geht? Wahlgeschenke, auch an der Staatskasse vorbei, in irgendeine der vielen schwarzen Kassen oder Taschen. Woher kam das „Wir schaffen das“?

## 5. Drehbuch: Selbstverständnis

Ein Dialog, ein Akt

Seitlich und oben geschlossene Bühne, ungefähr 20m breit, 6m tief, 6m hoch. An der Hinterwand in 1,5m Höhe ein Filmlaufstreifen, 60 cm hoch. Vorne an der schon offenen Bühne ein Monitor für die Zuschauer, 2,4 m breit, 1,30 m hoch.

Das Licht wird halbdunkel, Spots, sich leicht und langsam drehend, rot, braun, gelb, warm.
Musik setzt ein, nicht laut, in Fetzen

Völker hört die Signale, Elise
Freude schöner Götter Funken
Näher mein Gott zu dir
Ich bete an die Macht der Liebe
Rachmaninow, 2. Klavierkonzert
Mozart, Zauberflöte, Babylon, u. A.

Über den Filmlaufstreifen Silhouetten von einigen Hauptstädten dieser Erde: Rio de Janeiro, New York, Paris, London, Berlin, Moskau, Peking, Tokio, Neu-Delhi, Wellington (NZ), Johannisburg, Addis Abeba, Rom, Kiew, Kharthoum, Kabul, Jerusalem, mit Tänzen aus verschiedensten Kulturen und Religionen

Ein Flachbildschirm (3x2m), als 5 cm-Strich von der Seite sichtbar, senkt sich wie von Geisterhand, herabgelassen von oben, in das Bühnenbild, bleibt 2m über dem Boden „hängen", ab hier B genannt.

B, gekoppelt mit dem Monitor für die Zuschauer, zeigt dieser während der Vorstellung die Sicht, oder das Bild, oder den Film von B: Jetzt leichtes Flimmern, > no signal < in der Mitte

B fängt an „zu sehen“, neigt sich leicht nach unten, „herabschauend“, auf den Bühnenboden und die linke Seitenwand, noch etwas unscharf, wie noch seelenlos, wie noch nicht anwesend, noch vor sich hin sinnend, bis ein Mensch, ein Mann, in einem Rollstuhl sitzend, im Folgenden bis zum Ende R genannt, aus einem Tunnel in der Seitenwand, rein zufällig auch links, auf die Bühne fährt, handbetrieben, mit einer Wasserflasche auf dem Schoß.

B: Das Bild stellt sich scharf und mustert den Ankömmling.

R: Rollt sich in Richtung B, bleibt ca. 5m vor dem „hängenden“ B stehen, sieht zu ihm hoch.

B: Bevor R stehen bleibt „schaut“ B kurz in den Zuschauerraum, „mustert“ auch ihn, dreht sich zurück und senkt sich, nicht ganz, auf R herab.

R: Fährt unter B hindurch, um ihn herum, um zu ergründen, wo B „aufgehängt“ sein könnte. Rollt nach einigen Umrundungen wieder an „seinen Platz“ vor B, und etwas zurück, um B besser ins „Gesicht“ sehen zu können.

B: Schaut noch über R hinweg, senkt den Blick dann aber auf R, von „Angesicht zu Angesicht“.

Spot, kleiner Scheinwerfer, weiß, geht rechts hinter B an, wirft einen rechteckkigen Schatten auf R, ein weiterer, noch kleinerer Spot leuchtet auf das Gesicht von R.

Nach 10 Sekunden:

R zu B: Wer bist du?

B: Das Flimmern verändert sich, wird heller, es blitzt zweimal, dann wieder AZ, schaut über R hinweg.

Kurzzeichenklärung:
AZ= geht auf Ausgangszustand zurück: leichtes Flimmern, > no signal <
KR= keinerlei Reaktion

R: Kannst du mich hören?
B: Dreht sich zum Zuschauerraum und zurück, sonst KR, aber senkt sich wieder zu R „herab“

R: Aha, du hörst mich also auch, danke. Fährt ein wenig auf B zu, nach links und rechts, B folgt ihm „richtig“ mit seinem „flimmernden > no signal < Gesicht“.

R: Darf oder kann ich dich „befragen“?
B: Nach 5 sec: 3x kurzes heller werden
R: Warum hängst du hier?
B: KR
R: Bitte verzeih, noch mal: Wer bist du?
B: KR
R: Wer oder was hält dich fest?
B: KR
R: Magst du Menschen?

B: KR
R: Bist du, gefährlich?
B: KR
R: Kannst du herunterfallen?
B: KR
R: Rollt in den Hintergrund, nimmt einen kräftigen Schluck aus der Flasche und hustet gotterbärmlich.
B: Schaut etwas hoch und dann in den Zuschauerraum, nickt, und dreht sich zurück.
R: Rollt wieder vor B, Angesicht zu Angesicht
R: Hast du ein Ich?
B: KR
R: Was will dein Ich?
B: KR
R: Funktionierst du ferngesteuert?
B: KR
R: Was will das Ich, das dich da will?
B: KR
R: Bist du in der Lage etwas zu wollen?
B: 2 Blitze, sonst KR
R: Also du denkst, siehst und hörst?
B: KR
R: Bist du weise oder klug?
B: KR
R: Bist du sehr alt?
B: KR
R: Wer wollte dich?
B: KR

Von R und B scheinbar unbemerkt: Über den Filmlaufstreifen an der Hinterwand läuft mittig von rechts nach links ein 10 cm hohes Schriftband ab: Ich sehe, ich denke, ich höre, ich glaube, zu wissen, ich bin dein Selbstverständnis, deine Wirklichkeit, deine Überzeugung, deine Wahrheit, deine Liebe zur Weisheit, zu dir, zu deiner Weisheit, zu deiner Wahrheit, zum Leben, zum Leben, zum Leben, das Schriftband läuft 3x ab.

R: Warum schweigst du?
B: KR
R: Schläfst du?
B: KR
R: Denkst du über dich nach?
B: KR
R: Warum bist du rechteckig, und nicht rund?
B: KR
R: Brauchst du Hilfe?
B: Dreht sich langsam, leicht hörbar mechanisch quietschend zum Zuschauerraum und zurück.
R: Woher hast du deine Energie?
B: Auf dem Bildschirm plötzlich ein Film, ein Zeitraffer: Eine Hochgeschwindigkeitsreise, irgendwo im Universum, aus dem Nichts heraus in einen Nebel eintauchend, durch ihn in eine unbekannte Sternenwelt, dann doch bekannter, der Flug geht am Mars vorbei, das Bild bleibt circa 300 000 km vor dem Mond stehen, links die Sonne, die etwas blendet, mit einem halb beleuchteten Planet im Hintergrund, die Nachtseite wie mit vielen tausend Glühwürmchen und lebenden Glühfäden bevölkert.
R: Darf ich dich anfassen? R rollt unter B, steht auf, der Bildschirm hebt sich, immer in Distanz auf eine Armlänge entfernt, ob ohne oder mit Krücke. R setzt sich wieder, rollt sich auf seinen Platz zurück, B senkt sich wieder, „schaut" ihn an.
R: Aha, du reagierst. Der Unberührbare.
B: Fängt an, einen Film zu zeigen: Im Zeitraffer aufwachsende Blumen, Pflanzen und Bäume, eine wunderbare, noch ungeordnete Vegetation,

rund herum auf der Erde, ein Garten, Tiere, ein Mensch, zwei Menschen, viele Menschen, ein großes Schiff wird gebaut, ein großer Regen, mehr als eine Sturzflut, überall Wasser, nur noch Wasser, verstummende Schreie, auf der Erde, um sie herum, dann ablaufende Wasser, aufsteigende Wasser, Wolken, riesige Geröllawinen überall, ein Baum ist „stehengeblieben", mit einem kleinen Blatt oben, in seiner Krone, an einem kleinen Ästchen, es hat nicht losgelassen. Der erste richtige Winter, Schnee und Eis, der erste Frühling? Das Blatt hängt noch immer an dem Baum, hat er es nicht losgelassen – hat es sich nicht losgelassen? Dann ein wunderbarer Regenbogen
R: Bist du ein Gott?
B: AZ

Ärmlich gekleidete Frau, schlank, keine weiße, mit einem Kind an der Hand, kommt aus dem Tunnel in der linken Seitenwand, geht an R vorbei zum Bühnenrand, schaut fast seelenlos in den Zuschauerraum hinein, dreht sich dann langsam um, geht mit ihrem Kind um B herum und bleibt hinter R stehen. Das Kind kippt vor den Füßen von R eine Blechdose mit „Spielzeug" aus, auf dem Bildschirm und auf dem Monitor in Nahaufnahme zu sehen: Kronkorken verschiedenster Farben, bedruckte, bebilderte, kleine niedliche Steinchen, einige Murmeln aus Ton, Keramik oder Glas, drei verschiedene Hälften, geputzte Ästchen und Astgäbelchen, zwei Bleistiftstummel, ein abgebrochener Rest, Plastikteile, gefundene, ein kleiner Schwamm, eineinhalb Radiergummi, alt, einige Holzklötzchen, zwei krumme Nägel, ein ganz großer neuer: Sein Spielzeug.

Musik setz ein, gedämpfte, sich überschneidend mit Bildern: Ein zerstörtes Berlin, Mai 1945.

„Auferstanden aus Ruinen"
„Deutschland, Deutschland, über Alles"
„Einigkeit und Recht und Freiheit"

Mütter und Kinder räumen den Schutt weg, und suchen im Schutt nach noch Brauchbarem.

Dann: Bomben auf Äthiopien, der Krieg gegen die Italiener, ätzende, chemische Massenvernichtungsmittel, schreiende und sterbende Kinder und Menschen, mit Spätzeitfolgen, noch heute missgestaltete Körper, Füße, und Seelen, eine Steele verschwindet nach Rom
Musik:

„Freude, schöner Götter Funken"
Die Titanic sinkt, mit einem „Näher mein Gott zu dir" auf den Lippen, abrupt schaltet B sich aus, nur noch ein rotes Lämpchen glimmt.

Spot auf Frau, Kind und R dimmt sich etwas dunkler.

R: Du nimmst also persönlich Anteil?
B: Ein widerliches Gelächter ertönt, schaltet sich wieder ein, ein Film läuft ab: „Die Mittelmeerküste", Türkei, Griechenland, Italien, 2018, „Grenzzäune" in Mexiko, Griechenland, Polen – und – und – und – wo noch – in 2023...
Weinende Menschen, suchende Kinder, Fragen Stellende, angeschwemmte Leichen, und viel Geld „Verdienende", überforderte Gemeindekassen, Not, „Flüchtlinge", gekenterte Boote
R: Bist du, ein Teufel?

B: Film: Autounfälle, Verletzte, Tote, Verstümmelte, Blutende, Schreiende, Traumatisierte, Überlebende, durch ein Wunder nicht Verletzte, aber irr herumlaufend, Brückeneinstürze, eine „Hyperschallrakete“ schlägt in einem Kindergarten ein – in Odessa – ein Bus schleudert von der Fahrbahn und überschlägt sich, B schaltet sich abrupt aus.
R: Bist du derjenige, der das zulässt? Oder jener, der das beabsichtigt? B: Leichtes „Schulterzucken“, bleibt ausgeschaltet.
R: Das ist keine Antwort. Wie sieht und hört sich eine Antwort von dir an? Worte und Bilder aufzeichnen reicht nicht aus, wir Menschen haben viele Fragen, stumme, gedachte, und sie auch aufgezeichnet...

Auf dem Filmlaufstreifen an der Hinterwand erscheinen die Symbole der verschiedensten Weltanschauungen und Religionen, mit ihren Tänzen, mit ihren Tempeln und Traditionen, dann betende Menschen von der Klagemauer in Jerusalem, in Mekka, bis zum Petersdom, dann die Freiheitsstatue in New York, dann den riesengroßen Christus in Rio de Janeiro – und – Militärparaden ...

R: Gibt es eine persönliche Stellungnahme von dir?
B: KR
B: Gibt es etwas, was du nicht weißt?
B: KR

10 sec. Später: Erst ein Flimmern, dann ein Film: Eine Bundeslade, unter Mose nach einem Beispiel gebaut, wird gezeigt, sie wird gerade in einer Senke „vom Wind verweht“

R: Warum zeigt du mir gerade diese „Bundeslade“, die den Bund mit dem Allerhöchsten und den Menschen „besiegelte“? Was ist das für ein „Zeugnis“ aus der Welt Geschichte?
B: KR
R: Was weißt du? Was glaubst du nur zu wissen?
B: KR

Etwas später: Schaltet sich wieder ein, zeigt das Bild 300 000 km vor dem Mond, beschleunigt sich aus dem Stand am Mond vorbei, auf die Erde zu, gerade von der Nachtseite, am Rand nicht blau, eher grau, schmutzig grau.

R: War sie immer schon so grau?
B: Bilder von qualmenden Fabrikschloten, Industrieanlagen, „aus Kraftwerken“. Lichterketten auf den Autobahnen, leuchtende Großstädte und Dörfer, Müllverbrennungsanlagen, auftauende, aufplatzende Manganknollen, Sprengungen und Mündungsfeuer von Kanonen, nachts besser zu sehen, die Abgase von Milliarden Verbrennungsmotoren, langsam die Sicht vernebelnd, eine Rakete „stirbt“ in 50 km Höhe, zerstört sich selbst, eine Rettungskapsel hängt an einem Fallschirm...

R: Wozu soll das alles „gut“ sein?
B: „Übrig“ gebliebene Soldaten, etwas lädiert, präsentieren überall auf der Welt erbeutete Fahnen, ihren toten Kameraden, auf den „Friedhöfen“ dieser Erde, in Jakutien, von Matakohe (New Zealand) bis Nantes, von Nowosibirsk bis Oklahoma, von Tripolis bis Boston (UK)
R: Warum zeigst du mir diese Bilder, ist doch Schnee von gestern?

B: Auf dem Schirm jagt der böse Wolf den drei kleinen Schweinchen hinterher, bekommt einen Stock zwischen die Beine gehalten, von Gevatter Bär, eine listige Schlange „rettet“ die drei kleinen Schweinchen im letzten Augenblick in ihre Höhle. Dort werden sie „behütet“, bewacht und belauert, ob sie wohl noch größer werden oder ob man sie gleich fressen sollte?

R: Ist die Angst dein Spielzeug?

B: Ein mit dem Schwert metzelnder Christus, der Erzengel Michael, ein Gott, der „das Böse“ umbringt, überall Blut und Leichenteile, die sich auch noch bewegen.

R: Woher hast du deine Ideen?
B: KR
R: Bist du ein Spiegel?
B KR
R: Willst du mir Angst einjagen?
B: KR

Frau und Kind schieben den Rollstuhlfahrer behutsam in den Hintergrund der Bühne, weil sich dort ein Tunnel geöffnet hat, durch den ein Ausgang sichtbar wurde, ein warmes Licht, und eine Einsicht in eine noch nie gesehene Welt.

Wie von Geisterhand losgelassen fällt der Bildschirm, einer dicken Glasplatte gleich, mit dem „Gesicht“ flach auf den Bühnenboden, da, wo gerade noch drei Menschen standen – und zerplatzt in tausend kleine Scherben – was hätte er noch alles erzählen können.

R: Dreht sich nicht sehr erschrocken zurück und kommentiert trocken: Muss sich wohl doch nur um eins der vielen Selbstverständnisse gehandelt haben. Wendet sich vom Schauplatz weg, steht aus seinem Rollstuhl auf, und geht mit Frau und Kind Hand in Hand in den Tunnel hinein. Durch dessen Ausgang ist jene Welt sichtbar geworden, für die es sich lohnt, nicht nur das Hiersein durchzustehen, aber nie mehr mit einem Selbstverständnis, das sich selbst und dem Ich die Welt, den Allerhöchsten und die Wirklichkeit aus einer eigenen Sicht erklärt. Ein Fohlen kommt neugierig angelaufen und ein junger Esel.

Ein weißhaariger alter Mann mit klaren, klugen und warmen Augen singt zu seiner Bagana, mit dem Rücken an einen Baum gelehnt, ein kleines Lied:

Wem wird er gefallen wollen,
dieser Mensch, dem eignen Ich?
Sich, als Mann, als Frau den Kindern,
dieser Welt – Gott? – wer liebt sich
nicht erst einmal selbst und möchte
so viel Gutes tun – Warum? –
wohin fliegen die Gedanken
und nach was schau‘n sie sich um?

Wem wird er gefallen wollen,
wenn‘s ein Gott wär, dient er nicht
jedem Ich, mit jedem Herzschlag,
mit der Hoffnung auf ein Licht
das nicht jäh erlischt wenn‘s windet,
eins das wärmt und nicht verbrennt –
wohin fliegen die Gedanken
wenn ein Wir sich teilt, und trennt?

Wem wird er gefallen wollen,
jener Geist der Alles sieht,
der still anklopft und klug wartet,
der auch an den Fäden zieht
die ein Herz berühren könnten,
mehr zu seh‘n als nur „mein Ich“ –
wohin fliegen die Gedanken,
wer denkt nicht selbst geh fällig?

Wem wird er gefallen wollen,
Jener, der das Ich verführt,
oder noch verführen möchte,
wer ist’s, der das Ich berührt,
klug und weise, und nicht listig,
übermütig, nein, die Zeit –
wohin fliegen die Gedanken,
gar nicht, oder viel zu weit?

Den Vorhang möge der letzte Zuschauer oder der letzte Zuhörer oder der letzte Leser zuziehen, vielleicht als Nachsinnender, als weiter Sinnender oder auch nicht...

**Gedacht zu haben, auf der Oberfläche, wie eine Wasserspinne, aber nicht tief genug, die gerade verschluckt wird – zu was hat sie noch Zeit?**

## 6. Die Unwissenheit

Ist sie ein Segen oder ist sie ein Fluch? Auf jeden Fall ein Bereich, in dem das Ich geboren wurde, in dem es bleiben aber auch herauskrabbeln kann – wenn es das möchte. Wie das geschieht, das ist eine Sache, die nicht nur den Charakter formen wird. Was füllt sich nun dieses und auch jenes Ich in den Krug hinein und glaubt an dieses oder jenes „Wissen“? Ein auf Richtigkeit Bedachter wird das wohl erst dann ernst nehmen können, wenn das Selbstverständnis seine Grenzen erreicht hat und er seine Herkunft zu verstehen beginnt. Der Weisheit geht allerdings immer die Erkenntnis voraus, sie (noch) nicht zu haben. Mit Sicherheit sind wir in die Unwissenheit hineingeboren worden und finden „das Böse“ natürlich, fast wie selbstverständlich, gut verkleidet, mitunter reizvoll und nicht uninteressant. „Muss doch was dran sein, dadurch ein erweitertes Bewusstsein“ zu bekommen. Und es lässt sich dadurch sogar Geld verdienen, mit so einem Selbstverständnis.

Sich mit einer Kultur, mit einer Weltanschauung, mit einer Religion und mit seinem Selbstverständnis zu identifizieren, diese Verbindung dürfte weltweit bekannt sein. Ich bin Ich, und Ihr seid Ihr, und Wir sind Wir. Basta.

Wann wird jemand fragen, ob das nicht für Unruhe sorgen und Menschen in die verschiedensten Lager zerreißen wird? Und auf so einem Planet leben wir, auf dem Planet der Selbstverständnisse, dem Planet der Unwissenden, dem Planet Jener, die an ihr – wie auch immer „erworbenes Wissen“ – glauben.

Einem Unwissenden die Schuld für seine Unwissenheit in die Schuhe zu schieben, weil er Dieses und auch Jenes geglaubt hat – nichts leichter als das. Wie sieht es mit Jenen aus, die es hätten wissen müssen, es sogar hätten lehren und prüfen lernen lehren müssen? Etwa in einem Land, in dem spätestens ab 6 Uhr in der Frühe den Ohren religiöse Bekenntnisse aufgedrängt werden??? Toleriert wird das auch durch die Mehrheit der am Ort ansässigen Menschen, finanziert von eingesammelten Geldern für eine Ohrenbedröhnungsanlage, die dann eine Glaubensrichtung „anbietet". Alles „wie selbstverständlich". Von wem wird da nicht nur ein finanzielles und mentales Mitschwimmen vorausgesetzt?

Dem Autor ging es in seinem Leben ähnlich: Erst einmal „gehorsam mitschwimmen" und wenn du nicht glaubst (und tust), das was wir dir sagen, so wie wir das glauben – dann wirst du allein woanders hinschwimmen. (müssen?) – wo hin?

Begegnet ist dem Autor die eigene Dummheit. Was ist „Dummheit"? Die größte wäre, die eigene nicht zu akzeptieren. Das gleiche gilt auch für die Unwissenheit. Der Autor sieht sich nicht als „Wissender". Auf dem Planet der Selbstverständnisse sei nichts anderes möglich als dem „eigenen Wissen", den „eigenen Erfahrungen", dem Selbstverständnis zu glauben – ist das richtig?

Bewusst oder unbewusst in die Unwissenheit hineingeboren worden zu sein. Wem dämmert da am Anfang seines Hierseins schon der Hintergrund über ein „Warum"? Ein auf Richtigkeit Bedachter wird sich höchstwahrscheinlich erst dann auf einen sehr einsamen Weg wagen, wenn die Ergebnisse gut gemeinter Absichten schon ziemlich viel zerrissen haben und auf jeden Fall noch weiter am Zerreißen sind.

Da diese „Einbahnstraße“ nicht unbekannt ist und auch die Zeit sich nicht „zurückspulen“ lässt, wird uns die Gegenwart mit vielen Informationen versuchen zu begeistern und zu konfrontieren: Da sind „Sternengeschwister“, die sich um uns Menschen „ernsthafte“ Gedanken machen und eine „Rettung“ beabsichtigen. Aber wo hin?
„Sehr viele unserer irdischen Geschwister sind in ihren Privatleben verschlossen. Falls sie dieses Schloss nicht öffnen können, werden sie sich immer mehr verschließen“. Ein Zitat aus dem „Kenntnis Buch“. Aus welcher Quelle stammen diese Worte, zu welchem Zweck und warum ist da ein „zweiter“ Rettungsweg eines weiteren „Allerhöchsten“?

Wie selbstverständlich glauben Diese Jenes, und Jene Dieses. Sie sagen „Wahrheit“ dazu, und glauben zu wissen. Und es ist in der Tat dieses „Selbstverständnis“ in dem wir Menschen – noch – leben. Von wem sich hier nun den Weg aus den verschiedensten Selbstverständnissen heraus zeigen lassen? Wer wird diese „Umkehrung“ erfahren wollen? Wo diesen Weg finden? Diese Fragen sind sehr brisant. Wer ist nicht darauf stolz, sich dieser oder jener Glaubensrichtung angeschlossen zu haben. Funktioniert das dann wie an einem Raddampfer, an dem sich nur ein Seitenrad mit voller Kraft dreht? Dass sich im Kreis um sich selbst herum denken ist nicht unbekannt. Wir denken „richtig“, wir glauben „richtig“, wir sind die „Auserwählten“, und das mit dem Finger auf sich zeigen ist sogar zu einer nicht mehr bescheidenden Selbstverständlichkeit geworden. Unübersehbar. Die Anderen, die anders Denkenden, die anders Glaubenden, auch Jene die „zu wissen“ glauben, denken die etwa „nicht richtig“? Und wer denkt nun tat-sächlich „richtig“?

Sich mit dem Thema “Wer ist der Allerhöchste“ zu beschäftigen wird nicht ohne Folgen bleiben. Ein Mensch der da erst einmal blind um Einsicht, Verstand und Weisheit bittet, wird entdeckt haben dass er sie nicht hat. Sich selbst Einsicht, Verstand und Weisheit mit einem Selbstzeugnis „zu bescheinigen“ und nun zu glauben, sie auch zu haben – wäre das heilsam für die Weltgemeinschaft oder weiter polarisierend, oder sogar zerstörend?

Wer möchte, dass der Mensch auf dem Planet der Selbstverständnisse weiter unter seiner Unwissenheit leidet? Wer ist daran interessiert, dass wir Menschen aus unserer Unwissenheit, aus unseren Selbstverständnissen, „erlöst“ oder auch „nicht erlöst“ werden? Noch gleicht dieser Planet einem riesengroßen Gefängnis.

Da ist ein „Allerhöchster“ der sich, nicht allein, einen „Erlösungsplan“ ersann, bevor es uns Menschen gab. Um Menschen im Fall einer „Fehlentscheidung“ heraushelfen zu können, ohne Zwang – aus dem im Heute sichtbaren Desaster. Der „Allerhöchste“ hat einen Sohn, der den Charakter und die Absicht seines Vaters hier – auf dieser Erde – widerspiegelte und vorlebte.

Dann ist da einer, der sich als „Allerhöchster“ bezeichnen lässt. Der die Menschen glauben lassen möchte, das auf der Erde bereits Geschehene ignorieren zu können. Er bietet eine „Neue Weltordnung“ und neue Gesetze aus dem Kosmos an, ohne auf eine bereits bestehende „Gesetzgebung“, auf einen bereits bestehenden Bund zwischen dem Allerhöchsten und den Menschen, auf eine Bundeslade – und auf den Mensch Jesus Christus „zurückzugreifen“. Absichtlich, versehentlich, ignorierend oder besserwissend?

Zwei sich im Heute offenbarende „Geheimnisse“ stehen sich gegenüber: Das Geheimnis der Bosheit – und das Geheimnis des Allerhöchsten. Er ist es der da wieder in uns wohnen und leben möchte, nicht zwangsweise oder erschlichen oder von „außerirdischen“ Geschwistern „befreit“ und „belehrt“.

Wer da nun tatsächlich nach Ursachen und Lösungen Ausschau hält, um „mitarbeiten“ zu können, der möge sich mit aller Konsequenz jenem Allerhöchsten zuwenden, der sich durch seinen Sohn mehr als nur offenbart hat.

Seinen Namen allerdings nur in den Mund zu nehmen, wird nicht ausreichen, um die Probleme auf dieser Erde durchzustehen – die eine sehr gute Lehre und eine harte Prüfung gewesen sein werden...

Hinter uns liegt eine sehr lange Weltgeschichte – und vor uns liegt eine noch längere Weltgeschichte, die allerdings auch schon beschrieben wurde. Dem Nachsinnenden werden viele Einsichten offenbar. Gezwungen wird niemand jene sieben Briefe zu lesen, die der Allerhöchste uns Menschen schrieb. Müssen wir nun unbedingt in einem unserer „Müllhaufen“ enden oder suchen sich Menschen immer noch ein „mehrheitsfähiges“ Wissen? Oder einen neuen Planet im Kosmos? Oder eine andere Idee, der sie dann, mehr oder weniger, glauben werden?

Wer stellt sich da nicht eine leitende, führende und beeindruckende Persönlichkeit vor? Aus diesem oder aus jenem Lager „vorgeschlagen“, von wem so gedacht und gewollt? Was glaubt er nun, der Mensch, in seiner Unwissenheit? Der Krug, von einem nicht unbegabten Töpfer geformt, der nun im Brennofen der Zeitlichkeit lebt – er bekam die Möglichkeit sich mit diesem oder jenem Glauben, mit diesem oder jenem Wasser, zu füllen. Ähnlich einem allzu gut bekannten Beispiel, dem Mensch Jesus Christus.

Welches Volk hat sich während der Weltgeschichte herausführen lassen, nicht nur aus der Unwissenheit, aus der Ungewissheit einer Verheißung, auch aus dem Selbstverständnis eines Volkes, unter dem es in eine Knechtshaft „hineingewachsen“ war?

Freiheit – was ist das? Zur Beantwortung dieser Frage ist sie wieder notwendig, die Bitte um Einsicht, Verstand und Weisheit. Bitten, aber wen? Wo nachlesen? Die Geschichte des Universums und dieser Welt ist kein „dummes Buch“. Ist es nur der Leser?

Dem Nachsinnenden wird es möglich sein, die eigene Unwissenheit zu entdecken. Jeder der tief gräbt, sollte sich nicht mit Ausgegrabenem zufrieden geben. Bitte weitergraben, der Baugrund ist ein Mensch. Ein Mensch gewordener Gott und nach seinem Tod ein Gott gewordener Mensch, gleichzeitig auch Mensch geblieben. Der Allerhöchste, der sehr bewusst uns Menschen in die Unwissenheit gehüllt hat, um sich Aller erbarmen zu können, muss schon sehr klug und weise sein, um den Weg aus der Unwissenheit, von auf Richtigkeit bedachten Menschen – sich finden und verstehen zu lassen. Kein Mensch jedoch wird diesen Weg gehen können, ohne Hilfe, ohne eine Antwort auf die Bitte um Einsicht, Verstand und Weisheit.

Die stumme Bitte um Gnade und Erbarmen wird es sein, die bei Sehenden und Hörenden eine Reaktion auslösen wird. Auch die Bitte ist schon von ‚Ihm'.

**Glück ist es, kein**
**Glück zu haben,**
**sonst wird es „zu**
**selbstverständlich“.**

**Wer das**
**Nachdenken und das Bezweifeln**
**verbietet und das**
**Prüfen nicht lehrt,**
**der verschließt den**
**Treppenaufgang zum Himmel.**

## 7. Weisheit – ohne Wahrheit

Nach der Öffnung des Eisernen Vorhangs, nach dem Zusammenbruch der UdSSR, schrieb 1992 in der „Komsomolskaja Prawda“ im Kaliningradskaja Oblast (ehem. Königsberger Gebiet) eine russische Lehrerin: „Was haben wir uns ins Land geholt? Was haben wir in unser Land gelassen? Religiöse Strömungen versuchen sich gegenseitig zu überbieten – „auszustechen“– um Seelen zu fangen, nicht nur mit Brot und Fischen oder Kleidung im Überfluss: Gute gebrauchte, sogar neu gekaufte bis abgelegte, reparierte bis unreparierte, gewaschene und ungewaschene. Unsere sowieso am Boden liegende Wirtschaft bricht nun vollends zusammen. Unsere Arbeiter haben keine Arbeit mehr und das „Erwerbsleben“ ist zu einem Chaos geworden. Die Menschen schwappen von dieser in jene Glaubensrichtung, je nach Brot und Fischen und nach gezahltem „Startkapital“ für einen „Neuanfang“. Wir wissen nicht mehr, was wir den Kindern, unseren Schülern, erzählen sollen und wie wir auf ihre Fragen antworten könnten.“

Dem Autor ging es, „im Rahmen der Humanitären Hilfe für das Königsberger Gebiet“, seinerzeit ähnlich: Er war dabei, als Berge von gespendeten Kleidern, Schuhen und alle nur erdenkbaren Gebrauchsgegenstände in Koffern und Taschen mit einem Schaufelradbagger höher aufgeworfen wurden, um in der Scheune noch mehr lagern zu können.

Eine riesengroße Welle spontaner Hilfsbereitschaft aus Deutschland, auch für das ehem. Königsberger Gebiet. Eine auch privat organisierbare „Humanitäre Hilfe“, sie hatte seinerzeit begonnen.

Was haben wir Menschen uns in den Verstand geholt, was haben wir Menschen in unseren Verstand hineingelassen, auf dem Planet der (verschiedensten) Selbstverständnisse?

Hier lebt niemand der sich nicht sofort beginnt sich ein eigenes Bild zusammenzubasteln, ohne an diese Vorstellung zu glauben. Sie wird sogar „seine Religion“. Ein „Gott“ mit einem Sohn, im Schoß einer Mutter, als Ikone. Wer wird da später entdecken wollen, dass diese und auch jene Information nicht ganz der Richtigkeit entspricht? Doch welche Religion oder Weltanschauung klebt nicht an ihrem Selbstverständnis, an noch blinden Schafen, an ihren Führern – und am Geld?

Weisheit – was ist das? Den auf Richtigkeit Bedachten wird die Bitte um Einsicht, Verstand und Weisheit nicht unbekannt sein. Denn ihr geht die Einsicht voraus, sie nicht zu haben. Was wäre die Weisheit ohne Einsicht in tat-sächliche Hintergründe, in die Wahrheit, aus nicht-menschlicher Sicht? Was würde uns Menschen wirklich, wirksam und wahrhaftig Augen und Ohren öffnen, nicht nur „das Herz“ und das Portemonnaie?

Auch der Autor fügte diesem Treiben der „Humanitären Hilfe“ Tonne um Tonne hinzu, bis auch er begreifen „durfte“:

Die Menschen dort vor Ort brauchten in ihrer Not mehr als nur eine persönliche Anteilnahme, nicht nur eine unbewusste Selbstdarstellung und Selbstrechtfertigung – von den verschiedensten Kirchen und Glaubensgemeinschaften.
Karl-Heinz Böhm hat hier in Äthiopien mit seinen „Menschen für Menschen“ ein unübersehbares Lebenswerk hinterlassen, ohne sich damit selbst ein Denkmal bauen zu wollen...

Menschliche Weisheit erzeugt menschliche Selbstverständnisse. Dadurch entstehen die Parteien. Auch sie passen zusammen, bis sie sich streiten und an ihre Grenzen kommen, sobald sie mit tat-sächlichen Bedürfnissen konfrontiert werden – nicht nur mit den eigenen. Die Bedürfnisse Jener, die sich bis jetzt noch nicht selbst aus ihrer Armut, aus ihrer Welt, aus ihrem Selbstverständnis befreien konnten sind nicht unbekannt. Auch im Heute, im November 2018 – und im Juli 2023, zersplittern sich die verschiedensten Selbstverständnisse in sichtbare Feuerstellen, auf denen dann die eigenen Süppchen gekocht werden. Auch aus der „Allianz-Küche“ wird geliefert. Was? Einsicht, Verstand und Weisheit – welche? Was haben diese Küchen für einen Hintergrund und wen beliefern sie mit ihrer „Einheitssuppe“?

Weisheit, die persönlich erbetene, sie entdeckt erst einmal die eigene „Unweisheit“ – und die menschlich verständliche Unfähigkeit eine wirksame und tatsächliche Hilfe sein zu können. In der Zeit des Menschen Jesus Christus wurden Rollstühle, Krücken, Blindenführer und Hunde „überflüssig“, arbeitslos, weil Menschen wieder laufen, hören und sehen konnten. Menschliche Weisheit, menschliche Selbstverständnisse, sie brauchen ihre Krankenhäuser und Ärzte – auch der Autor wurde mehrmals zusammengeflickt. Doch jener „Außerirdische" (Jesus Christus) hielt nicht Ausschau nach einer Apotheke, um eine „Medizin" gegen diese und auch jene Krankheit aus dem Angebot herauszusuchen. Waren Selbstverständnisse damals schon gespalten und kaputt? Wie sieht das nun im Heute, im Jetzt, aus?

Einer der Hauptgründe für die Ablehnung von Jesus Christus seinerzeit war seine Weigerung, als „ärztlicher Helfer" oder als Führer im Kampf gegen die römische Besatzungsmacht zur Verfügung zu stehen. Er war ein Mensch, der sich durch kein Selbstverständnis von irgend einem anderen Mensch, Freund oder Widersacher verändern ließ.

Den Wert und den Inhalt der angebotenen „göttlichen" Weisheit nicht zu erkennen und auch nicht so genau wissen zu wollen – das trennt jeden Krug von dem Verstand, der nötig wäre, um sich eben nicht mit den verschiedensten Selbstverständnissen, Selbstrechtfertigungen und Selbstzeugnissen zu befüllen, um sich dann in einer der vielen Nischen „einzukapseln".

Jene Weisheit, durch die der Allerhöchste Menschen – gedanklich vorher – überhaupt erst leben hieß, sie hätte ohne Wahrheit keinen einsehbaren und logischen Hintergrund. Welchen Wert hat sie nun – Seine Weisheit – mit welchem Sinn, mit was für einem Ziel? Nur zusammen mit der Wahrheit ergibt sich ihr Sinn und die Möglichkeit, ihr Ziel verständlich darzulegen. Ist es da verwunderlich, wenn Menschen mit ihren Selbstverständnissen in Religionen und Weltanschauungen herumexperimentieren und herumirren? Wie schaut die „Religionsindustrie“ in die Not von „kranken Seelen“ hinein – mit wessen Augen...

Die durch die vielen Selbstverständnisse entstandene „Behinderten-Industrie“ schafft sich täglich neue Arbeitsplätze und schreibt zurzeit noch schwarze Zahlen. Die „Rüstungs-Industrie“ verdient sich eine „goldene Nase“– mitunter am Gewissen vorbei, sonst würden Arbeitsplätze, Weltmarkt-Anteile und einige Volkswirtschaften „Schaden erleiden“ – und – „es gingen Kriege verloren“...

Wie nun die Käfige der Selbstverständnisse befrieden? „Ruhe“ sei die erste Bürgerpflicht. Ist das möglich ohne Einsicht, Verstand und Weisheit? Wäre die Einsicht in Hintergründe nicht störend? Verständige – sollen sie schweigen? Wer trampelt nicht auf der Weisheit herum, wenn es um das vereinigen von Selbstverständnissen für Mehrheiten geht? Dann ist da noch der fast allmächtige Gott Mammon, der durch seine gesponnenen Fäden signalisiert: Mit meiner Hilfe und mit meiner Philosophie werdet ihr das schaffen. Das „Wir schaffen das“ ist nicht unbekannt. Mit wessen Gottes Hilfe? Was für eine Gewalt übt es aus, das Geld, und wer verbeugt sich nicht vor diesem „Gott“?

Weisheit ist und bleibt ohne Wahrheit, wie die Liebe ohne Wahrheit – eine gut gemeinte Absicht die „in die Hose geht". Ohne Wahrheit ist keine Weisheit möglich. Doch wer interessiert sich schon für die Wahrheit, wenn sie sogar das eigene Selbstverständnis aus den Angeln hebt? Wie jedoch ohne Hintergrundwissen Menschen begegnen wollen? Wie wird da ein „ehrliches Gespräch" stattfinden können, wenn die Parteien sich blind „zu vertrauen haben" – und sich gegenseitig – unnachprüfbar – glauben müssten?

Als Gegenbeispiel gibt es ein „Gespräch", das sehr interessante Folgen hatte: Eine Frau kam zu einem Brunnen, auf dessen Rand ein Mensch saß, der kein Gefäß hatte, um selbst Wasser zu schöpfen. Diese Begegnung am Jacobsbrunnen war für jene Frau die entscheidendste in ihrem Leben. Nicht nur für sie. Ohne Hintergrundwissen wären die Folgen nicht möglich gewesen, nicht im Heute, auch nicht in der Zukunft.

Weisheit ohne Wahrheit – sie nicht zu mögen, ihre Notwendigkeit nicht sehen zu wollen, gleicht das dann jener Blindheit, die kluge Augen meidet? Wer allerdings ernsthaft um Weisheit bittet, wird sich nicht wundern dürfen, wenn ihm die Wirklichkeit wie ein Waggon voller Ziegelsteine auf den Hinterkopf fällt. Jeder einzelne könnte und sollte das Denkvermögen gewaltig erhöhen – doch in welche Richtung? „Erschüttert" zu sein über die Unfähigkeit anderer, sollte nicht an der eigenen Unfähigkeit vorübergehen, ohne auch darüber „erschüttert" zu sein.

Bevor uns der Schatten einer „relativen“ Wirklichkeit ganz „verschluckt“ oder ein „Allmächtiger“ auftaucht, der vorgibt „der Herr aus dem Universum“ zu sein – dann sollte er schon hörbar sein, der Schrei nach einer Weisheit, die der Mensch nicht haben kann. Es sei denn, er erbittet sie sich – eine unwiderlegbare, unverwechselbare. Es gibt sie allerdings nie ohne erhebliche Schwierigkeiten...

Sich in ein „Wir“ zurückziehen und sich nicht mit der Wirklichkeit, mit der Wirkungslosigkeit, auch der eigenen Worte, konfrontieren zu wollen, das ist der Beginn jener Zeit, in der das Ich immer weniger persönlich Anteil nehmen kann und will – am aktuellen Weltgeschehen. 2023/24. Das „Wir bleiben lieber für uns, dann kommen wir weiter Denken“ hat diese Weltgeschichte geprägt. Wohin treiben sie nun, die sich unterscheiden wollenden Selbstverständnisse, mit ihrem „Wir“ – und wen in die unbewusste Depression – in die unbewusste Resignation?

Welches „Ich“ konnte je die Probleme dieser Welt lösen? Kein Ich, kein Wir? Welches Ich konnte – und hat? Welches „Wir“ hätte können sollen? Ohne Einsicht, Verstand und Weisheit wäre das nie möglich gewesen.

Menschen, stolz auf ihr Selbstverständnis, aktiv in ihren Selbstzeugnissen und Bekenntnissen – sie schlummern, dämmern dahin – und schlafen – geistig. Sie werden kaum ein „sich überwinden“ verstehen wollen. Nicht nur die Müdigkeit, die Gewohnheit, die Bequemlichkeit, die Bindungen, auch die wie selbstverständlich hingenommene

Unwissenheit und Unfähigkeit – sie – wir – ich – brauchen jene Kraft die uns zu „Überwindern“ werden lässt. Nicht das hören von dieser „Kraft“– die noch nicht bekommene. Wie sie nun „überwinden“, unsere Vorstellungen, Selbstverständnisse und Überzeugungen, von denen wir glauben, dass sie „richtig“ sind? Es steht uns Menschen nur ein Weg und eine Frage „zur Seite“, deren Antwort dem, der da um Einsicht, Verstand und Weisheit bittet, sofort logisch einleuchten wird: Was hat Jesus Christus gedacht, geglaubt, gewusst und geliebt? Wann wurde sein Glaube bestätigt, wann und wie bekam er Einsichten, Verstand und Weisheit und jene „Kraft“ die ihn glaubürdig werden ließ? Was war der Inhalt seines Glaubens? Was glaubte und wusste er über Hintergründe und Ursachen einer Schöpfung, von einem „Lasst (jetzt) u n s Menschen erschaffen, ein Bild das u n s gleich sei“. Den Selbstverständnissen seiner Zeit hat er eine Absage erteilt und – einen zornigen Hass geerntet. Jene, die das glauben, was er geglaubt hat, werden mit erheblichen Schwierigkeiten zu rechnen haben.

Kein Selbstverständnis über die „eigene“ „so“ verstandene Weisheit wird in der Lage sein, die sich selbst gestellten Fragen „richtig“ zu beantworten – und wenn, dann nur aus „menschlicher“ Sicht.

Friede sei mit denen, die sich nicht schlafend wähnen – wie schläft es sich in so einem Selbstverständnis? Was wäre dumm und töricht, was wäre klug und weise?

Weisheit ohne Wahrheit, sie gleicht einem klug angelegten Mistbeet, auf dem viele wunderliche, aber auch schreckliche Selbstverständnisse wachsen werden – und gewachsen sind. Die Weltgeschichte und die Geschichte des Universums sind voll jener Pflanzen, deren Selbstverständnisse und Selbstdarstellungen nicht unbekannt geblieben sind. Schon vor der „Großen Flut", schon vor der Bevölkerung dieser Erde.
Weisheit ohne Wahrheit, doch auch Wahrheit ohne Weisheit, ohne Liebe und Barmherzigkeit, ohne den „Ich bin" – gleichen Worte und Werke einem Schwert, das die „Oberhand" und die Allmacht „gewinnen" und auf ewig behalten möchte. So wie bisher – bitte – nein – danke.
Eine interessante und wichtige Aussage wird die Selbstverständnisse auf dieser Erde noch mehr „zerreißen": „Ich bin der Weg, die Wahrheit und das Leben. Niemand kommt zum Vater, es sei denn durch mich". Ist der Vater jener Allerhöchste der anders Denkenden, Glaubenden und Lebenden eine „Neue Weltordnung", mit „Neuen kosmischen Gesetzen" andrehen will – oder ist Jener, der auf die Bitte um Einsicht, Verstand und Weisheit mit der Gabe von Einsicht, Verstand und Weisheit – und Liebe antwortet, um Selbstverständnisse überwinden zu können – kraftlos?

Wer wird es sein, der da anders Glaubende meint töten zu müssen, um mit einer „Neuen Weisheit", mit einer „Neuen Weltordnung" leben zu können? „Neue universale Gesetze". Jener – und Jene, die sie sich erdacht haben und Jene, die dann an sie glauben – auch „unsere Sternengeschwister", sie werden überleben wollen – und die alten Gesetze „einfach" auslöschen wollen – Wie?

**Ohne den Mensch**
**Jesus Christus – wäre da Gott als Vater**
**unglaubwürdig,**
**unwirklich und unverständlich?**

**Regeln, wenn sie**
**niemand ernsthaft befolgen will –**
**dann beginnt eine**
**Diskussion von „Experten“ über sie.**

## 8. Das Töten

Nicht erst seit Kain und Abel ist sichtbar geworden, dass das Töten gedanklich in einem Ich beginnt, das anfing, sich über das Unsichtbare und über den (noch) unsichtbaren Allerhöchsten zu erheben. Soweit das theoretisch Gelernte, doch auch das inzwischen Verstehbare.

Whistleblower, recherchierende Reporter, „Geheimagenten“, Erfinder, radikale Fundamentalisten, kluge, doch auch kriminelle Köpfe, einfache Angestellte mit Insiderwissen, Nachsinnende, auf Richtigkeit Bedachte, sogar Glaubende lebten und leben „gefährdet“ auf dieser Erde – sie „stör(t)en“. Störende wurden und werden „aus dem Verkehr gezogen“, verschwanden oder werden noch auf „Nimmerwiedersehen“ verschwinden, nicht nur „mundtot ignoriert“. Sie wurden und werden vergiftet, verbrannt, gelyncht oder gekreuzigt. Das prominenteste Beispiel in der Weltgeschichte ist der Mensch Jesus Christus. Bis wann wird diese Serie auf dieser Erde fortsetzbar sein und warum? Etwa bis das Geheimnis der Bosheit vollends offenbar sein wird? Und wie sieht es mit dem anderen „Geheimnis“ aus? Stören auch da „einsichtig“ Gewordenen? Was läuft hier ab auf dem Planet der Selbstverständnisse, der an sie Glaubenden, die den Anschein erwecken möchten, schon „zivilisiert“ zu sein?

Das Töten ist mehr als nur eine ernste Angelegenheit. Nicht das „Sterben lassen“. Doch auch da gibt es „Grenzbereiche“. Auf dem Planet der Selbstverständnisse wurden Informationen „abgesetzt“: „Wer Menschenblut vergießt, dessen

Blut soll auch vergossen werden“. Was rechtfertigt das Töten auch nur eines Menschen? Der erste Brudermord aus Neid ist noch verständlich. Doch wo hinein sind sie gewachsen – die Selbstverständnisse von Regierenden, Befehlshabern, „Machthabern“, Soldaten, Partisanen, „Freiheitskämpfern“, Religionskriegern – und von „Motivierenden“? Sind wir, unbewusst, ein Planet tötender Bestien geworden, sogar noch mit einem heiligen, einem heiligenden Mantel? Haben wir Menschen begangene „Tötungen“ mehr oder weniger „geschluckt“ und schon wieder „vergessen“ oder ignoriert? Jedes einzelne je hergestellte Geschoss hat ein Ziel mitbekommen: Mindestens einen lebenden Körper zu treffen – tödlich – „bevor der mich tötet“...

Auf dem Planet der Selbstverständnisse sterben täglich Menschen, in Kriegen, auf der Flucht vor Kriegen, im Kampf gegen und für ihre Drogen, durch Bandenkriminalität und in „Naturkatastrophen“. Menschen sterben nicht nur aus Altersgründen. Erstochen, erschossen oder vergiftet, um einiger Centimen willen, oder aus Hass und Eifersucht – oder es geht um Ehre und Macht – „auf jeden Fall soll und darf die Fassade nicht darunter leiden“. Selbsttötungen sind nicht mehr zu übersehen.

Der Einäugige im Land der Blinden „darf“ nur dann „weiterleben“, wenn er den Nachweis erbringt, dass er auf beiden Augen garantiert nie mehr sehen können wird. Wie soll das „funktionieren“? (Erich Fromm)

Schweigt der Kluge aus Angst, aus Unwissenheit – oder aus Ohnmacht? Wer wagt es, sich den immer größer und gefährlicher werdenden Selbstverständnissen entgegenzustellen? Wie sich wehren gegen eine Vereinnahmung Jener, die mit ihrem Selbstverständnis glauben, nach ihren Vorstellungen diese Erde befrieden – oder die Menschen von ihr retten zu können – „Sterngeschwister" oder „Außerirdische"? Hat jener Mensch, der da zwischen zwei zum Tod Verurteilten hing, Angst um sein Leben gehabt oder hat irgendein Selbstverständnis ihn an seinem Verstand, an seiner „Mission" auf dieser Erde, zweifeln lassen?

Was ist da nun der Unterschied zwischen dem Töten und dem „Sterben lassen"? Denn wer den der ihm „im Wege steht", aus welchem Grund auch immer, nicht am Leben lässt, ihn nicht vor dem „Umkommen" bewahrt, der sei sein Mörder. Wie wäre dann ein „Heiliger Krieg" gegen die „anders Glaubenden", gegen „die Ungläubigen" zu bewerten?

Jener der uns hier auf dieser Erde wollte, sprach ihnen und uns eine Warnung aus. Es ist auch ein anderes Verständnis möglich, ganz ohne Drohung: „Wenn ihr, dann werdet ihr ewig leben, wenn ihr nicht – meinem Rat folgt, dann werdet ihr sterben. Die monatlichen Früchte vom Baum des Lebens stehen euch dann nicht mehr zu Verfügung". Ungewarnt lässt ein Gott seine Geschöpfe nicht in den Irrtum laufen.

Sich gegenseitig an die Gurgel zu gehen, ist nicht unbekannt. Das sich sanft zur Ruhe legen (lassen), alt und lebenssatt, in einer Art und Weise, die niemandem wehtut, das sind zwei verschiedene Arten „über den Jordan zu wandern". Doch dann wo hinein? Leider, oder der momentan so gewollten Wirklichkeit entsprechend, wurde auch Absurdes zugelassen: Unschuldige Menschen werden erschossen, unter den Zug geschubst, verschwinden in Massengräbern, Gaskammern, Verbrennungsöfen, verhungern, ertrinken – Leichen – stören sie das Gewissen? Bis ins Heute klagen sie an. Wer hat da seine Stimme erhoben und wann hätte das geschehen müssen? Die dafür Verantwortlichen leben mitunter heute noch, mit einem Selbstverständnis, das sie sogar ruhig schlafen lässt. Wer fragt da schon nach einem „auf Richtigkeit bedachten Geist", den es da, erst recht im Heute, geben müsste, geben sollte – geben könnte? Wer spielt hier auf dieser Erde mit uns Menschen – etwa sich selbst gewählte Prediger?

Jener, der daran glaubt, sich diese Erde „unter den Nagel gerissen zu haben", mit einer „Neuen kosmischen Ordnung", mit „Neuen kosmischen Gesetzen", er demonstriert nicht nur durch „Sein Wort". Doch wer angebetet werden möchte, der möge bitte auch seine Legitimation und unveränderbare, zeitlose Grundsätzlichkeiten vorlegen – und eine uneingeschränkte Einsicht in den Sinn seiner Gedanken ermöglichen. Das wäre dann Jener, der auf Bitte Einsicht, Verstand und Weisheit verleiht und vergibt. Ohne den Mensch Jesus Christus wäre das unverständlich und unmöglich, denn auch er bat um Einsicht, Verstand und Weisheit – bekam seine „Bestätigung" und seine „Legitimation“. Alles andere wäre eine gewollte Provokation und ein Versuch, den Plan, den der Allerhöchste nicht allein ersann, wenn es ginge, sowie seinen Erfolg, auszuhebeln.

Menschen – sind sie extra dazu geschaffene Wesen um belehrbar und „bekehrbar“ zu sein? Um aus einem „Reinfall“ nach dem „Zugriff auf mehr Wissen und Erkenntnis“ wieder aus Selbstverständnissen durch „Einsicht“ herauszufinden – der Plan „funktioniert“. Durch Erfahrung klug werden wollen – das ist ein sich aus einer „autonomen Freiheit“ nach eigenen Vorstellungen und Gesetzen, aus der „ Sünde“ wieder heraus lösen. Das Ende dieses „Großen Konfliktes“ zwischen Gut und Böse, ihn lebend miterleben zu dürfen, als Mensch, als Geschöpf, ist ein interessantes Geschenk, aber auch ein verpflichtendes. Zu was?

Menschen – dumm, unwissend, hochintelligent, verständig, etwas weniger begabt als „Engel“, als „Außerirdische“. Wie entscheidet sich das Schicksal eines Menschen, hier, auf dem Planet der Selbstverständnisse? An dem, was ein Mensch glaubt und vollenden wollen wird? Was wird er sein wollen? Ein Mörder bestimmt erst einmal nicht – oder schlummert der da irgendwo ganz tief und hinten drin in jedem Ich? Wer von (s)einem Ich Verstand einfordert, müsste wissen woher er ihn bekommen kann. Was ist dem Menschen „gegeben worden“ – wann – durch was – und von Wem. Was ist unbedacht, was ist undurchdacht geblieben, was liegt da noch auf der Straße der Zeit, auch auf der schon durchwanderten? – mindestens die Weltgeschichte.

Kluge, doch auch lästig werdende Frager werden sich absolut nicht wundern, wenn sie wie störende Fliegen ignoriert, weggescheucht oder erschlagen werden. Um was geht es den Fragenden, um was geht es den Tötenden? Sind sie alle Mörder?

Wer hat etwas zu verbergen? Der Fragende seine Absicht, der Erschlagende seine Ungeduld und seinen Hass auf das, was sein Selbstverständnis stört? Was ist „die Wahrheit"? Ein Ich, ein Wir das nichts anderes mehr tun kann, außer zu töten offenbart sich, seine Denkweise, seinen Charakter – und seine Machtlosigkeit. Abgründe öffnen sich, zwischen den Welten, die dem Ich und dem Wir eine Menge Entscheidungen abfordern werden. Gute? Das Böse meidende? Woher kommen die Einsichten?

Wenn da nun ein „Gott" glaubt, etwas „Neues" installieren zu müssen, wird er „das Alte" abschaffen und ausfegen wollen. Um es auch auf dem Müllberg der Zeitgeschichte zu wissen? War die Bundeslade vom Sinai nun zeitlich oder zeitlos gedacht? Nach welchem Muster wurde sie gebaut, wo steht ihr Vorbild, was hat sie immer noch für Inhalte – zeitlose oder zeitlich begrenzte? Wer die Bitte um den Geist der Wahrheit meidet oder streicht, der bringt Menschen um, nicht nur sich selbst – auch unbewusst.

„Gib mir Gesundheit und Geld, um mir was zu essen und Medizin kaufen zu können. Wenn nicht, dann verschwinde aus meinem Leben". Das dürfte die dümmste und kürzeste Formel für einen Selbstmord auf Raten sein. Eine „Gute Beziehung" oder „Freundschaft" ist das nicht. Ein

Gott, der Menschen ein Freund sein will und ihnen sogar zu gefallen versucht: Vorsicht! – der mit der Flasche in der Hand könnte auch ein Teufel sein. Wein und starkes Getränk gibt er denen, die am umkommen sind, die da umkommen wollen. Gibt es da keine „bessere Idee“, eine „bessere (Er)Lösung“?

Menschen suchen. Menschen begegnen sich. Mitmensch sein. Menschen nicht einfach übersehen, unbewusst, für sie da sein können, nicht nur wollen – wie geht das, ohne eine Mütze mehr Geist? Es wäre Jener, der verstanden hat, was es heißt, Alles an den Nagel zu hängen, um sich mit dem Problem der (geistigen) Armut etwas gründlicher zu befassen – besonders der eigenen.

Sich als nur theoretisch lebend zu entdecken, in (s)einem Selbstverständnis sicher „verwahrt“, was ist es, das die Lebenden von den Toten unterscheiden sollte? Dem Töten steht das wieder Aufwecken gegenüber. Ein nicht nur sich bereicherndes. Wem dämmert es, dass es bisher der Buchstabe war, mit dem wir uns gegenseitig zerstör(t)en? Jene, die mit einer noch unbestimmbaren Hoffnung leben, neben all den Schriftgelehrten – sie werden nach Menschen suchen deren Geist nicht theoretisch lebt. Der Geist des Buchstabens wird es nie sein können, der Menschen wieder auf die Beine stellt und sie mit einer neuen Hoffnung wieder glauben lässt, dass Gott Seine Arbeit anfängt – und selbst beendet – auf Seine Art und Weise. Das eingebaute Wiederherstellungsprogramm funktioniert...

Der Geist der Buchstaben, siehe Weltgeschichte, er hat viel Unheil angerichtet. Er tötet, er hat getötet und er wird weiter töten. Was für ein Geist wird es sein, der wieder lebendig werden lässt? Die Käfige der Selbstverständnisse, noch sind sie voll. Sich selbst an seine Buchstaben kleben und sie bekennen, nicht nur in Jerusalem, Rom oder Mecca – im Heute – das ist ein makabreres, gegenwärtiges und mahnendes Schauspiel – oder ein Drama?

„Bist du das, was du von dir glaubst zu sein, dann sprich zu den Steinen, dass sie zu Brot werden“ – eine gewollte, bewusst zugelassene Provokation von dem, der sich den Mensch Jesus Christus untertan machen wollte. Später hat er ihn „umbringen lassen“, den Körper.

Da war noch ein Mensch – Jener, der von Raben mit Fleisch versorgt wurde, als es ihn hungerte. Später wurden ihm eine Kanne Wasser und frisches Brot hingestellt – kein Brot aus Steinen.

Jemanden auf die Dachkante eines Tempels zu „teleportierten“, ist eine interessante Fähigkeit. Zu welchem Zweck? Etwa um Unwissende und Gutgläubige sich vom Dach stürzen zu lassen – oder zu „beweisen“ diese Fähigkeit zu haben? „Die Engel werden dich hinuntertragen“. Wer ist es, der sich wagt, geschriebene Worte zu missbrauchen. Was ist das für ein Ich, das provoziert?

Fast ein Hohn für Jenen, der spätestens nach seiner Taufe wusste, um was es hier auf dem Planet der Selbstverständnisse geht: Um eine verständliche Erklärung und Trennung von Gut und Böse. Ohne Gewalt, doch nicht ohne das Blut eines freiwilligen Opfers. Am Ende der geplanten Zeitlichkeit wird sie auch den Menschen verständlich sein: Die praktische Anwendung einer Weisheit von Jenem der wollte dass wir leben. Woher kommt sie nun, die töten wollende „Gewalt"?

Das Töten und das Sterben wird es in sehr, sehr kurzer Zeit nicht mehr geben. Jener, der uns auf dieser Erde wollte, hat uns nicht zum Sterben konstruiert. Der Tod und das Sterben waren nur eine angekündigte Folge einer „Grenzüberschreitung", ein sehr konsequentes, mitunter grausames Signal, um Menschen darauf aufmerksam zu machen: Da ist im Anfang etwas gewaltig schiefgelaufen. Sich nicht darum zu bemühen, was da schief gelaufen ist – wer mag's, das unbewusst dumm und unwissend sterben Wollen?

In nächster Zukunft wird es allerdings auch keine Gründe mehr für Neid, Hass, Eifersucht, Größenwahn und die gewollt bewusste, doch auch die bis dahin unbewusste Unverständigkeit geben. Töten Wollende bringen sich selbst um. Ihr Ich wird von einer Energie angetrieben, die dazu missbraucht wird, eigene Ziele durchzusetzen (siehe Judas). All unsere körperlichen, geistigen und seelischen „Funktionen" sind keine „Selbstläufer", einem „Perpetuum Mobile" gleich. Sie müssen ständig, jeden Augenblick, mit Energie versorgt werden. Es ist nicht die Energie, die sich aus unserer Nahrung ergibt, es ist die Energie von Jenem, der sie durchdacht wachsen hieß. Zellteilungen, die verschiedensten Immunsysteme, Wiederherstellungsprogramme, Entgiftungsorgane und andere, einschließlich der Darmfunktion, sie werden von dieser Energie

„versorgt“. Es ist dieselbe Energie, die eine Wolke schweben lässt – ob nun ein Mensch in sie hineinsteigt oder auch nicht. Sie löst sich nicht von selbst auf, sie bildet sich nicht von selbst. Energie ohne ein „Ich bin und ich will“ funktioniert nicht. Wer lässt sich schon daran erinnern, dass da ein Ich hinter jeder Form von Energie lebt, leben muss. Ein wollendes Ich, ein sie darreichendes Ich und ein sie benutzendes, ein ausführendes, aber auch missbrauchendes Ich.

Da sind z. B. Zwei scheinbar voneinander unabhängige „Nervenleitungen“, die den Herzmuskel steuern. Der „Sympathikus“ und der „Vagus“ – genial, eine „rein zufällige Begleiterscheinung“ der Evolution oder nur ein „Gedankenspiel“ eines Töpfers, eines Schöpfers, mit was für einem Sinn?

Dem Tod ins Auge sehen, doch mit welchen Gedanken? Wer sich in der Hand von Jenem geboren weiß, der alle Lebewesen am Leben erhält (auch den Teufel), dem würde der körperliche Tod nicht schaden können. Die „reale Wirklichkeit“, die von Selbstverständnissen blind und kurzsichtig „wahrgenommene“ – wie sieht sie aus? Aus wessen Sicht? Jener, der auf uns und in uns hineinschaut, der die Wirklichkeit Lebende, er ist es der sich tag-täglich um jedes Ich bemüht: „Meinst du dass Gott, der Allerhöchste, Freude daran hat, dass auch nur eins der sich von ihm abgewandten Geschöpfe stirbt?“ Das „sie wollen nicht zu mir kommen, damit ich sie heile“ und das „sie wollen sich von meinem Geist nicht mehr unterweisen, belehren und führen lassen“, es wird den auf Richtigkeit Bedachten, Nachsinnenden – und „Schriftgelehrten“ noch einige Gedankenarbeiten abfordern.

Erschrocken werden sie schon sein, die Menschen im „Zeitalter des Fortschritts“, wenn da noch einmal demonstrativ, öffentlich, vor den Augen der Weltöffentlichkeit, in Jerusalem, nicht nur in Frankfurt, eine Tötung zugelassen und dann eine Auferstehung – ähnlich der des Menschen Lazarus stattfinden wird. Doch bei dieser „Demonstration“ wird der tatsächliche Täter offenbar, auch der Charakter dieses Geistes, auch seine Motivation – nicht als missbrauchtes Werkzeug – als Urheber. Bisher waren das Menschen, die noch an ihr Selbstverständnis – an „ihren“ Gott glaubten – und sich benutzen ließen...

**An das „sich erworbene“ Wissen glauben,**
**von seinem Wissen überzeugt sein –**
**welcher Mensch**
**während der Weltgeschichte**
**könnte da ein gutes Beispiel –**
**und ein schlechtes Beispiel**
**gewesen sein?**

## 9. Das Ich – wessen „Erfindung“?

Welches Ich, welches Selbstverständnis, sieht sich nicht erst einmal – wenn auch naiv – wie ein Kind – als Maß der Dinge, denen es begegnen wird und schon begegnet ist. Dann kommt die Sicht, das Selbstverständnis, von A, B, C, bis Z hinzu. Schon ist das Ich dabei, „sich selbst ein Bild zu machen“ oder zu suchen. Wer bin „Ich“? Es hat nun die Möglichkeit, den großen Haufen durchzuwühlen, bis es gelernt, verstanden und erfahren hat, dass da noch mehr sein muss als nur „mein Ich“, mehr als nur „mein“ Selbstverständnis – oder von einem Wir. Eins, das da hinter den Horizont schauen möchte, wird sich bewegen müssen. Dem Bequemen kommt er nicht entgegen, im Gegenteil: Der Horizont wird vom Ich in das Selbstverständnis „eingegraben“ und „integriert“.

Doch wer hat nun dieses „Ich“ erfunden? Ein Ich oder ein Wir? – oder kann sich so ein Ich selbst „erfinden“ – und was wird es wollen? Das Ich im Wir auf dem Planet der Selbstverständnisse beabsichtigt viel. Es wird sich „orientieren“ wollen. Nach dem ersten „auf die Nase fallen“, erst unbewusst – später sehr bewusst. Denn da sind das „Ich sehe, Ich höre, Ich denke, Ich rieche, Ich fühle, Ich empfinde“ – und die ersten Erfahrungen. Was war da nun „richtig“ oder klug oder weise oder dumm oder hinterlistig oder berechnend oder auf Richtigkeit bedacht? Was sich ein Ich da so denkt – das wird es sein, was da nun den Charakter formt, formen wird – und was kann da nun so ein Ich an sich selbst tun, oder sogar ändern?

Die Gegenwart präsentiert uns ein fast schon wahnsinniges, auf jeden Fall beängstigendes Wachstum von „künstlicher“ Intelligenz – der „entwickelbaren“ K I. „Maschinenmenschen“ sind keine Utopie mehr. Auch wenn sie noch (nur) aus Nanomotoren, Energiequellen, Energiespeichern, Verbindungs- und Funktionselektronik bestehen – und sogar mit einer menschenähnlichen Haut überzogen sind. Auch sie werden „leben“ wollen – oder etwa nicht?. Das da einprogrammierte Ich – hat es nichts zu empfinden? Was soll es verstehen, annehmen oder ablehnen? Von wem wird es programmiert sein wollen oder wie funktioniert ein „elektronischer“ Soldat ohne – und wie mit Befehl?

Nicht uninteressant – doch diese „Entwicklung“ lässt darauf schließen, dass der Mensch sehr aufmerksam seine eigenen Funktionen und seine Konstruktion „studiert“ hat – jedoch noch nicht seinen Konstrukteur. Inzwischen glauben Techniker noch bessere Lösungen gefunden zu haben: Das Gehirn, ein programmiertes Selbstverständnis, der „Verstand“ und die Schaltstellen für die Anweisungen, sind nicht nur auf einem fingernagelgroßen Chip speicherbar – sie lassen sich auch in Flüssigkeiten „einbauen“ – „einimpfbar“ – „einnehmbar “...

Das „Herz“, nicht nur als Blutpumpe zu verstehen, die Empfindungen, das Wechselspiel zwischen den Augen, der Nase und den Ohren, ein großartiges Muster – ob sich das auch nachbauen lässt? „Funktionsfähiger“? Und dann das Blut: Eine Flüssigkeit, die nicht nur Daten übertragt und Sauerstoff transportiert. Warmes Blut und warme Haut sind etwas Wunderbares und nicht nur selbstverständlich. Ein Temperaturregler muss eingebaut worden sein.

Jedoch auch der größte „Erfolg“ sollte nicht darüber hinwegtäuschen, dass es ein Ich, auch mein Ich, und dass es unser Wir, nicht vor dem Konstrukteur gab.

Und nun leben wir, Sie, du und ich, auf dem Planet, auf dem Menschen an ihre Selbstverständnisse glauben. Auf dem Menschen (noch) von der Richtigkeit ihres Glaubens überzeugt sind. Auf dem Menschen sich – noch – von der Richtigkeit ihres Glaubens überzeugen lassen. Ein Planet, auf dem Menschen anfingen, ganz einfach „nur“ zu glauben. Wem, wann, an was, an sich, (an einen) Gott, auch (an den Menschen und Gott) Jesus Christus – doch mit wessen Vorstellungen? Wird das Ihm, seinen Worten glauben, und das, was er selbst geglaubt hat, übersehen?

Da wollen uns im Heute auch „Sternengeschwister“ begegnen, die mit Sicherheit über ein größeres Hintergrundwissen und über eine scheinbar? noch ausgereiftere Technologie verfügen. Sind es nun „Engel“ oder „Außerirdische“, vielleicht nur für uns noch unsichtbare Wesen? Auch diese „Wesen“ haben ein Ich, das die Fähigkeit und die Wahl hatte oder noch hat, haben muss, zu unterscheiden. Jene Programmierung, der es glaubt, glauben soll oder glauben will oder zu glauben hat. Und zu folgen. Was nimmt nun so ein Ich wahr und was wird es wahrnehmen wollen? Wenn da ein Muss-Programm auftaucht – Alarm,

Vorsicht, wer da Gehorsam beansprucht. Wäre der blind Befolgende je einsichtig und verständig?

Woher haben Menschen jene Programmierung, die sie veranlasst ohne und mit Befehl, ohne nachdenken zu müssen, Unwahres, Geglaubtes und Bekenntnisse auszusprechen – und den Finger zu krümmen?

Sich von einem „Allgemeinwohl“ in ein „Eigenwohl“ zurückzuziehen, sich für etwas Besonderes zu halten, passt das zu dem täglich wachsenden Müllberg, mit dem wir unsere Umwelt „bereichern“?

Keinem Ich wird es möglich sein, ohne Entscheidungen in dieser oder jener Strömung „mitzuschwimmen“. Mitunter lässt es sich einfach „mitnehmen“ oder es muss sich tatsächlich einen eigenen Weg heraussuchen und ihn nicht nur mit dem Mund gehen. Angenommene Gewohnheiten sind mitunter auch trotzige, stolze Bequemlichkeiten, Traditionen – als benutzbare und nicht unbekannte Haken. Haare in der Suppe – wer wird sie schon am Anfang seines Hierseins bewusst heraus suchen wollen – eher ein Wir in dem es schwimmen lernen kann. Erst, wenn es sich nicht mehr wohlfühlt, nicht mehr geborgen, behütet, beschützt, nur noch verwaltet, unbeachtet oder sogar bedroht, geschlagen – wird es dann „auf die Suche gehen“, das Ich – nach was für einem „Wir“?

Offensichtlich und durchschaubar formt dieser „Pilgerweg“ auf dem Planet der Selbstverständnisse den Charakter von jedem Ich und von jedem Wir. Sich da irgendwie durchschlängeln, durchmogeln, durchlächeln, durchschmusen, durcheiern oder durchlügen wird nicht gerade jedes Ich „begeistern". Der Tiefgang beginnt da, wo das Flache, das Bequeme, aufhört. Ein Ich wird sich Gedanken machen wollen, sollen, dürfen, doch auch müssen. Gedankenlos kommt kein Ich durch den Tunnel des Hierseins. Der Tunnel führt durch die Zeitlichkeit in eine noch nicht genau genommene Zeitlosigkeit, die das Ich mitunter gar nicht sehen will, noch gar nicht sehen kann, und im Jetzt eigentlich noch gar nicht sehen möchte. Warum auch – wir leben jetzt...

Selbstverständnisse, Religionen, Weltanschauungen an die geglaubt wird, sie haben sich „dazwischen" geklemmt – und Jene, die „ihre" Schäfchen zusammen halten wollen. Sie glauben sogar, dass sie das müss(t)en. In ihren Käfigen „mit eingebündelt" werden sie – sich gegenseitig tolerieren wollend – ein- und ausgrenzen. Doch zu welchem Sinn und Zweck?

Das Ich, ist es nun hoch kompliziert oder einfach? Wer weiß mit ihm, mit sich, umzugehen? Auf Richtigkeit bedacht, sich auf den Weg zu wagen, setzt ein bewusstes Suchen, doch auch ein bewusstes Finden, voraus. Der Weg, der durch den Tunnel der Zeitlichkeit führt, ist reichlich kurz und doch lang genug, um genügend Informationen aufnehmen zu können, die dem Ich einen Sinn, den tatsächlichen, mit einem Ziel begreifbar anbieten. Der dazu nötige Geist wird allerdings nur dem begegnen können, der da auf Richtigkeit bedacht jeder Sache auf den Grund geht – nicht nur prinzipiell. Was würde ein Ich sonst glauben und auf dieser Erde vollbringen wollen? Etwa ein Baum sein, der gute Früchte haben möchte? Eine Absicht reicht da sicherlich nicht aus.

Sich mit dem Ich anderer zu befassen – Vorsicht – das hat Folgen. Ein gutes Ich, ein nicht gutes, ein in sich verliebtes, ein stolzes, ein bequemes, ein undurchschaubares, ein total verdrehtes Ich wird ein denkendes auch in sich entdecken können. Ein Ich, das glaubt, ein anderes Ich bewerten zu können, hat auch die Pflicht, eine wichtige Frage zu stellen: Denke ich richtig? Wer nur könnte diese Frage beantworten? Etwa das Ich selbst? Wahrnehmbar sind traurige Folgen: Selbstrechtfertigungen, Bekenntnisse, selbstherrliche Darstellungen, Stolz, Selbstliebe, Selbstmitleid, Besserwisserei, Beurteilungen – aber auch Wutausbrüche. Dann wieder die Entschuldigungen für eine hör- bzw. sichtbare Ohnmacht und Hilflosigkeit, zum Teil in eigenen Konflikten. Wohin sind dem Ich und dem Wir Türen und Tore noch offen – oder versperrt?

Was läuft in einem Ich ab, vor dem sich ein anders Ich hilfesuchend niederwirft, ihm die Schuhe küssen will und um Hilfe bittet, bettelt, aber nicht um Geld. Die Füße sind geschwollen und vereitert, kaum noch als solche verwendbar, die Krücken aus Metall haben keine Gummifüße mehr. Um was werden sich da die Gedanken, Antworten und „Hilfsmaßnahmen" drehen? Was antworten denen, die tatsächlich von direkter Not betroffen sind, wie ihnen im Heute und in der Welt von Morgen, als Ich und nicht nur als Wir, begegnen.

Immer wieder wird ein Ich auftauchen, dass sich um unser Ich mehr Gedanken macht als wir uns selbst: „Sie wollen sich von meinem Geist nicht mehr leiten oder unterweisen lassen, damit ICH sie heile“, das sind die Worte jenes Konstrukteurs, der nicht nur unser Fleisch ins Hiersein gerufen hat.

Was geschieht da nun, wenn sich ein „Schriftgelehrtentum“ über das Ich und über das Wir „gestülpt“ hat? Menschen, die über den „einen Gott“ reden, laufen mit ihren Krankheiten zu Ärzten, Chirurgen und in Krankenhäuser. Sind wir in einer mehr als schizophrenen Welt gelandet, in der uns die verdrehten Selbstverständnisse schon gar nicht mehr bewusst werden? Sich Krankenhäuser, Ärzte und Chirurgen wegzudenken, eine unmögliche Vorstellung. Was ist mit unserem Ich und mit den verschiedensten „Wir-Selbstverständnissen“ geschehen?

Wo ist die echte Hilfe für Witwen und Waisen, Arme, Kranke und Behinderte, „missgebildete Krüppel“ und Lahme, Geisteskranke und Besessene geblieben? Ähnlich jener Hilfe, die vor rund zweitausend Jahren diese Welt bewegte? „Kommt in der Woche, aber nicht am Sabbat, um euch heilen zu lassen“ – von wem? Krankenhäuser, Verwaltungstrakte und Lehrgebäude, die einem kranken Ich wessen Theorie beibringen? Eine kaum noch bezahlbare „Schulmedizin“ inklusive Rückgriff auf eine Pharma-Industrie mit bezahltem religiösem Anstrich. War das vor zwei Jahrtausenden so angedacht? Was für eine „Theorie“ ist dem Ich, dem Wir, den Selbstverständnissen, beigebracht und eingeflößt worden und von wem?

Sich „beruhigend“ an „Bekenntnisse“ klammern, wenn Angehörige sterbend in Krankenhäusern „dahinresigniert“ werden. Ärzte und Wissenschaft ohne „Vollmacht“. Was hat sich das Ich „verordnet“, was ist dem Ich „verordnet“ worden? Von wem hat sich das Ich ein Verständnis „verordnen lassen“, das keineswegs mehr der Wirklichkeit entspricht. Und wenn dann welcher oder wessen Wirklichkeit?

Wenn die Wirklichkeit des Menschen Jesus Christus keinen tatsächlichen Einfluss mehr auf das Ich haben soll, dann scheint das im Heute geschehen zu sein. Dazu gehört auch das von Ihm nur singen...

An wen wird sich das Ich nun wenden können, wenn es sich in einem Selbstverständnis entdeckt, das die Vollmacht eines Konstrukteurs unbewusst ablehnt und ausklammert.

**Das Ich „erziehen“?**
**Sich selbst „erziehen“?**
**Das Wir „erziehen“?**
**Das Wir sich selbst „erziehen lassen“?**
**Wann – wie – und wer?**

## 10. Die Auf-RICHTIG-keit

Wer glaubt nicht „aufrichtig" an „seine" Sache. War die Mehrheit überzeugt von der Sache ihres Führers? Unsere Väter und deren Söhne zogen hinaus, nach St. Petersburg, nach Charkow, nach Stalingrad, nach Moskau, fast einmal um das Mittelmeer, nach Paris und wenn es gegangen wäre, dann sogar bis nach London. Schon wieder vergessen?

Für was stiefeln die Menschen, nicht nur die Deutschen, im Heute durch die Weltgeschichte? Etwa um Menschen mit ihrer Philosophie zu „beglücken", zu „befrieden"? „Frieden schaffen wir nur durch Waffen" und wenn du nicht gehorchst, dann PENG? Die Monarchie. Der Kommunismus. Der National-Sozialismus. Die Diktatur. Die Sozial-Demokratie. „Religiöse Werte". Namen. Begriffe. Staatsformen. Aufgaben. Lassen sie sich mischen? Beliebig – oder lassen sie sich auch wieder auseinanderrevolutionieren? Was spielt die Zeit dabei für eine Rolle?

Wie passt die Aufrichtigkeit einer Parteienlandschaft wie z.B. in Deutschland zusammen, mit Jenem, der die auf Richtigkeit Bedachten zu seiner Zeit befrieden konnte? Allerdings erst nach seinem Ableben und nach seiner Auferstehung. Durch einen heilenden, durch einen „Heiligen(den) Geist", den wir Menschen nicht unbedingt immer wahrhaben wollen. Ist er ein sich aufdrängender oder ist er gänzlich „unbekannt"?

Die politische Weltgeschichte der verschiedenen Völker ist nicht unbekannt. Ist die Warnung eines Allerhöchsten, durch den Seher Samuel, vergessen oder bewusst „übersehen“ oder noch nicht wieder ins Bewusstsein gerückt worden? Siehe das erste Buch des Sehers Samuel, Kapitel 8.

Der auf Richtigkeit Bedachte wird sich Gewissheit verschaffen wollen, bevor er losläuft, für den, den er als „seinen Gott und Lehrer“ versteht. So sollte es sein.

Der Aufrichtige wird loslaufen, um zu versuchen seiner Partei, seiner Überzeugung oder Religion nicht nur wortreich „Nachdruck“ zu verleihen. Von welchem Gott und/oder Lehrer wurde er „in Gang gesetzt“?

Was hat all die Politiker, Regierenden, Befehlenden, Soldaten, Lehrer, Präsidenten, Priester oder Kanzler, ob nun männlich oder weiblich, davon „überzeugt“, das was sie nun tun müssten?

Wohlgemerkt: Aufrichtig – „Wir schaffen das“. „Berater“ meinen es „aufrichtig“, nach bestem Gewissen und werden für ihren Dienst bezahlt. Schon sind, wenn auch noch unbewusst, der Unwahrheit und Korruption Tür und Tor geöffnet. Wenn die „Wache Habenden“, auch Reporter, sich da nur auf das Beobachten und Flüstern beschränken würden, dann wären wir ernsthaft gefährdet, im Heute, und erst recht im Morgen.

Wie denkt nun der Aufrichtige? Wer lässt sich seine Aufrichtigkeit bezahlen? Wer bezahlt mit seinem Leben für seine Aufrichtigkeit, für seine Überzeugung?

Wie denkt der auf Richtigkeit Bedachte? Wird er sich nach einer „Bezahlung“ umschauen? Auf jeden Fall hat er einige Erfahrungen hinter sich. Da muss etwas nicht auf Richtigkeit Bedachtes sein, nicht nur in der Vergangenheit, sondern in den eigenen Gedanken, im Heute, im eigenen Selbstverständnis. Was hat sich da als „Maßstab“ verändert? Die Wirklichkeit oder das Selbstverständnis?

Unübersehbar ist leider auch die Unverfrorenheit Jener, die „aufrichtig“ ihrer Überzeugung glauben. Kriege und Leichen mehren sich. Gewollt oder ungewollt von jenem „Gott“, der auch als Retter der Menschheit auftreten möchte? Ein Paket „Neuer Gesetze“, eine „Neue Weltenordnung“ aus dem „Kosmos“ von „unseren Sternengeschwistern“. Wer wird sie „zur Kenntnis“ nehmen wollen, ohne zu berücksichtigen, dass da ein Mensch, der Mensch Jesus Christus, von dieser Zeit gesprochen hat? Werden Menschen in diese bewusst aufgestellte Falle laufen?

„Um meines Namens willen, um meiner Worte willen“ – um ihrer Selbstverständnisse willen, werden sie euch hassen. Jene, die meine „Mission“ und meinen Glauben verstanden haben.

Die Welt braucht keinen „Neuen Erlöser“, den hatte sie schon vorher. Ein für diese Sache Gestorbener, dessen Worte nicht unbekannt sind: „Ich bin nicht gekommen, um Frieden auf die Erde zu bringen, sondern ein zweischneidiges

Schwert“, das da sehr genau und tief trennen wird. Hier der Aufrichtige, dort der auf Richtigkeit Bedachte, hier die verschiedensten Selbstverständnisse, dort ein erbetener, gesuchter, doch auch gefundener Verstand. Wer würde den Menschen auf dieser Erde die ehrliche Aufrichtigkeit jedoch absprechen wollen – und wer würde das können?

Es wird jedem Ich „höchstpersönlich“ überlassen bleiben, was es denkt, was es glaubt und von was es sich überzeugen ließ. Wer sich von der Richtigkeit seines Verstandes, nicht des Selbstverständnisses, überzeugen möchte, sollte Jenen um ein Zeugnis bitten, der auch seinerseits um ein öffentliches Zeugnis bat. Von dem, der es „außerirdisch“, sichtbar und verständlich geben konnte und auch noch im Heute geben will. Ein „es steht da aber doch so geschrieben“, passt nur in die Welt der Schriftgelehrten und Pharisäer hinein. Der auch unbewusste Hochmut Jener, die – sich ihrer Überzeugung, ihres Glaubens sicher – an das Rednerpult wagen, mögen einen guten Rat befolgen:
„Willst du das Himmelreich ererben, verkaufe alles was du hast, und dann setze dich mit dem Problem der „Armut“ auseinander, auch mit der eigenen. Wo? Bei den tatsächlich Armen. Ein so angesprochener Mensch ging traurig oder stolz oder enttäuscht oder beleidigt oder sehr unmutig von dannen, denn er hatte viele Güter, und ein gesichertes Einkommen...

Selbstrechtfertigungen, Selbstzeugnisse und Selbstherrlichkeiten, Bescheidene bis Stolze werden „einrasten“. Wer möchte da schon an seinem

„Selbstwertgefühl“ herumkratzen (lassen)? Hat es Jener, der uns hier auf dieser Erde wollte, sehr leicht oder hat er es sehr schwer, Menschen davon zu überzeugen, dass sie auf Hilfe von außen, auf Informationen und bestätigte Lehrer angewiesen sind?

Einem sich als „außerirdisch“ vorstellenden Ich oder Wir werden diese Gedanken und Worte nicht unbekannt sein: „Auf Richtigkeit bedacht“. Auch in ihren Reihen lebt ein Konflikt, der aus einer bewussten Abspaltung entstand. Nur einem aufmerksamen und auf Richtigkeit bedachten Leser und Nachsinnenden würde es dieser eine Gott gelingen lassen? Was? Der Wunsch, persönlich belehrt zu werden, schließt das sich darstellende Bodenpersonal nicht aus, aber er distanziert jene, die Lehrer sein wollen oder glauben, es zu sein. Den Nachsinnenden dürfte auch „aufgehen“, dass ein tatsächlicher Gott sachliche Gründe hat, Lehrer und Schüler, die sich um eine direkte Verbindung zu Ihm bemühen, einer sehr genauen Prüfung zu unterziehen. Eine auf Richtigkeit bedachte Selbstprüfung wird mit Sicherheit dazugehören. Wie sonst an ein nicht alltägliches Zeugnis „gelangen“? Unbewusst auf „Gottes große Barmherzigkeit“ und Gnade zu pochen, das sich selbst läutern – es wird dem Ich wohl doch noch Einiges abverlangen. Bitte keinen „Gehorsam“, aber ein aufmerksames Ohr. Diesem einen Gott, dem Allerhöchsten, ist das „Aufmerken“ und das Ernstnehmen seiner Worte angenehmer als ein großartiges Opfer oder ein großartiges Bekenntnis. Selbstverständnisse wird dieser eine Gott keinem seiner Schüler bestätigen können und auch gar nicht wollen. Über das Festhalten an Selbstverständnissen ist Er sehr traurig. Er kann nur seinen Verstand vergeben, wenn ihn denn jemand haben möchte.

„Wartet bitte auf jenen Geist, der euch in alle Wahrheiten hineinleiten wird“, lauft nicht vorneweg. Dem auf Richtigkeit Bedachten ist der Eifer, die Eifersucht und die Eile zwar fremd, aber nicht unbekannt.

Jener, der die uns sicht- und anfassbare Erde bewusst als Schauplatz für den Großen Konflikt wollte, Er wird jedem auf Richtigkeit Bedachten ein Zeugnis ausstellen. Doch nicht als Folge eines beweisbaren, bewertbaren „Gehorsams“. Es ist die Bitte um das Ausgießen eines Geistes, der über das ausgegossene Maß seines Sohnes sogar noch hinausgehen würde. Das sind keine Vermutungen des Autors, es lässt sich aus den Worten seines Sohnes entnehmen, der das notwendige Maß für seine Zeit bekam. „Und ihr werdet größere Dinge tun als ich getan habe“. Was für eine Verantwortung für Jene, die sich auf den Weg gewagt haben, um sich die Richtigkeit ihrer Gedanken bestätigen zu lassen – und sich nie mehr mit einem „aber es steht da doch so geschrieben“ zufriedengeben.

## 11. Was ist eine „Wi(e)dergeburt“?

... ist das eine gewollte, eine bewusste „Sinnesänderung“? Eine theoretische? Wie sieht eine praktische aus? Ist es ein Ja-sagen zu einem der vielen klug oder heilig aussehenden Selbstverständnisse? Ist es ein Schlafen, ein Wachwerden, ein „Aufwachen“ aus einer entdeckten Unreife, aus einem dieser vielen Selbstverständnisse? Wer kann (sich) eine Wi(e)dergeburt „bescheinigen“ lassen? Was sind „Wasser und Geist“?. Was liegt da noch unverstanden, noch nie gesehen und noch nie gehört, hinter dem Horizont der Selbstverständnisse, vor dem wir unfreiwillig, doch nicht unbewusst, hineingeboren wurden? Etwa der nächste und was kommt dann?

Sich nicht selbst auf den Weg wagen, zu sichtbaren Horizonten, das ist ein Sitzenbleiben, ein „nur“ an sich selbst glauben (wollen), an „unser“ Selbstverständnis:
„Du musst nur an das glauben, was Wir dir sagen, dann bist du gerettet und erlöst.“ Und ab wann wirklich klug und weise? Wem ist sein Selbstverständnis „gut genug“? Wem ist es nicht mehr gut genug? Wer will von einem guten, weisen Geist neu geboren sein? Wie, wann – und durch was wird das möglich sein?

„Durch das Blut, durch das Sterben eines Menschen“. Ist das Jener, der sich eben nicht durch ein einziges Selbstverständnis irritieren ließ? Wie viele Selbstverständnisse gibt es auf der Erde? Spielen wir mit ihnen oder spielen sie mit uns?

„Unsere Selbstverständnisse“ – die MI. Noch sind sie durch viele Bretterwände getrennt. Wer kommt da zu der Einsicht, dass er schon längst in eine Sackgasse, in einen Irrtum, hineingelaufen ist? Tragisch sind jedoch die Folgen: Es ist das unbewusste sich um sich selbst Drehen, mit all Jenen, denen das schon seit Jahrzehnten zur lieb gewordenen Gewohnheit mutiert ist. Wie einem Ich begegnen, das in so einen Kreisel hineingeboren wurde? Der noch unklug Fragende auch?

Wer nun wirklich und wahrhaftig den großen Knoten in seinem Leben finden will, der wird auch den Mangel an Weisheit in sich entdecken, um ihn zu sehen, ihn öffnen zu können. Ungeduldige werden ihn zerschlagen wollen und ihr Leben aus vielen Einzelteilen (Selbstverständnissen) wieder zusammenbasteln. Geduldige werden beginnen, jenen Weg zu suchen, auf dem sie herumliegt, die Weisheit. Nicht die theoretische, nicht die durch kluge Worte auffallen Wollende.

Sich auf dieser Erde geboren vorzufinden ist noch keine Weisheit, es ist eine Feststellung. Ist es erst ein auf Richtigkeit bedachtes Ich, das weises sehen und für sich aufheben wird, oder stellt sie uns ein Bein, damit wir mit der Nase auf sie fallen? Dem Ich wird gesagt: „Du bist an dem Tag, um die Uhrzeit, da und dort geboren. Das sind deine Eltern, so, nun wachse mal drauf los.“ Und wann wird so ein Ich das verstehen können, und mehr wissen wollen?

Und nun glaubt das Ich „drauflos“ – und wird eins sein. Was für eins, das wird sich erst im Laufe der Zeit „herausstellen“. Was auch immer sich in unseren Köpfen eingenistet hat und noch einnisten wird, es wird uns Menschen erst einmal ein Stück begleiten – bis zu einem „Rausschmiss" der eingesammelten „Halbwahrheiten". Die ersten, noch unvollkommenen Weltbilder werden wie selbstverständlich das Selbstverständnis formen, das wie ein Schwamm Alles aufsaugen wird. „Angekommen" auf dem Planet der Selbstverständnisse steht es jedem Ich frei, sich zu interessieren: Für Opas „Weltgeschichte", für Omas Bilderbibel, für Mamas Gitarre, für Papas Werkzeugkasten, für das Flugzeug da oben und für das Malbuch. Das Fernsehen, Bücher und das Mobile folgen später. Irgendwann klingelts im Sandkasten: Das Ich möchte auch „erwachsen" sein, doch die zu großen Schuhe passen noch nicht. Liegt es nun an den Interessen, die sich in unserem Ich begannen zu entfalten oder liegt es an Jenem, der sich um uns Menschen hier mehr Gedanken macht, als uns mitunter lieb ist?

Geboren um zu sterben, das kann der Sinn nicht sein. Fragen werden auftauchen, tiefer gehende. Von wem geweckt? Ist da jemand, der in uns hineinschaut, in unsere Gedanken, in unser Gewissen? Wer beginnt, sich „Richtlinien" einzurichten, kluge, nicht nur kluge – dann tauchen sie auf: Worte, nicht nur aus der Erinnerung, auch neue, von einem klugen und weisen Geist, der sich nicht aufdrängt.

Wer möchte schon bewusst mit einem bösen Geist in sich leben? Wer möchte so bleiben, wie er ist, ein „Produkt" seiner Absichten, mit einem Selbstverständnis, das sich über Gut und Böse wenig Gedanken macht? Hauptsache „ich lebe jetzt, so wie ich das will". Wer möchte bewusst und ausschließlich mit einem klugen und weisen Geist in sich leben? Wann wird so ein Mensch persönlich Anteil nehmen wollen, an dem, was auf dieser Welt geschieht, an dem was in dem uns (sichtbaren) Universum schon geschehen ist - und bald noch geschehen wird – und soll?

Eine Menge Informationen und Aussagen aus Büchern und von Menschen werden nötig sein, deren Leben, Inhalte und Hintergründe nachprüfbar und nachvollziehbar sein sollten und nicht nur glaubwürdig oder unglaubwürdig zu sein haben. Einiges wird da auch in der Schublade für „Später" landen. Erst einem auf Richtigkeit bedachten Ich werden einige ernste Fragen „weiterhelfen": Denke ich richtig? Denke ich tatsächlich richtig? Wer kann mir das bestätigen und was denkt ein Gott auch über mich? Das „Große Buch der Weltgeschichte" enthält auch eine „Gebrauchsanweisung" für Querdenker und Umsteiger...

Sich diese Fragen selbst beantworten – oder etwa von einem nicht autorisierten, unbestätigten Bodenpersonal? Was unterscheidet da die klugen von den törichten Jungfrauen? Die törichten glauben ihrem Selbstverständnis, die klugen wissen um einen Geist zu bitten, der sie sehr hellhörig, aufmerksam und nicht mehr „sturgläubig" sein lässt.

Sich mit so einem Geist „neu besinnen" zu wollen und besinnen zu lassen, gleicht einer bewussten Hochzeit, in der aus einem verständigen und einem sehr klugen Ich, ein Wir entstehen wird, das untrennbar, auch im tiefsten Schlaf, auf die

Stimme und auf die Worte „des Bräutigams“ achten wird. Ohne Angst.

Das ist nicht nur wie noch mal neu geboren sein. Es ist auch ein sich geborgen wissen, in einer Hand, die weiß, wohin sie ein Ich, das ihr traut, trägt: Durch die größte Dunkelheit der Welt- und Zeitgeschichte, durch die letzten „Versuchungen“, in ein Licht das wärmt und nicht verbrennt. In eine neue Welt, die von keinem Auge je gesehen wurde und nur durch das Ohr eine schwache Ahnung zulässt, was auf Jene wartet, die es verstanden haben, ihr Selbstverständnis, ihr Ich, zu überwinden, durch die Bitte um Einsicht, Verstand und Weisheit für ihr (neues) Ich.

Ein Kind kann das nicht. Es ist und bleibt eine, wenn auch unbewusste, seelische Vergewaltigung, eine seelische Grausamkeit, es dennoch zu tun. Die gut gemeinte „Kindertaufe“ – auch eine „Jugendweihe“ – sie gleichen einer Vorherbestimmung, einer Verstümmelung aller Geschlechter. Das „große Beispiel“ wartete dreißig Jahre, ehe es sich zu einer bewussten Entscheidung und deren Folgen „bekannte“. Durch eine öffentliche Taufe, mit einer nicht menschlichen Bestätigung. Das war kein mit Wasser „besprenkeln“, das war kein Untertauchen in einen Fluss eines „unautorisierten“ Ichs. Es war der unerschütterliche Glaube eines Senfkornes das zu dem größten Baum aller Zeiten heranwachsen konnte – nicht wollte...

Auch der Autor dieses Buches wurde gebeten, eine Taufe durchzuführen. Er glaubt sich bis heute nicht dafür autorisiert. Aus was für einer –

oder aus wessen Sicht kann sich nun so ein Ich noch betrachten, außer der eigenen, außer der Sicht der neben uns lebenden Selbstverständnisse? Sich durch die Augen des „Allerhöchsten“ sehen, wäre das peinlich oder wäre das heilsam? Was und wie denkt dieser „Allerhöchste“ wirklich?

Es ist nicht nur das „Untertauchen“, es ist auch nicht der Untertauchende, die Kirche oder die Glaubensgemeinschaft, in die der „Täufling“ nun „automatisch“ hineingetauft worden ist. Wer interessiert sich für jenen Geist, wer begehrt jenen Geist, der die Absicht des Täuflings und die der Taufe b e s t ä t i g t? Eine tatsächliche Wi(e)dergeburt ist kein an irgendeine Kirche gekoppeltes Mysterium. Das Verständnis über sie verflacht, versandet und versinkt degeneriert in der Schublade „Ernsthafte Selbstverständnisse“. Lippenbekenntnisse und Selbstzeugnisse sind noch keine wahrnehmbare Entgegnung von Jenem der in die Seele sieht.

Sich aus einem der vielen Kirchenregister streichen lassen, reicht das aus? Was ist eine Wi(e)dergeburt, die auch verstanden wird? Wer wagt es, den Glauben zu prüfen zu dem er sich bekennen möchte? Sich zu dem (Senfkorn-)Glauben von Jenem wenden, der durch nichts zu beeinflussen war, außer durch die Verbindung zu seinem Vater – welches Beispiel könnte da noch besser sein? Von wem wird so eine Verbindung gewünscht, gesucht und gefunden?

Die Antwort auf die Frage „Wie möchtest Du, Gott, Dich verstanden wissen?“ schließt jedes Selbstverständnis aus. An welchen der vielen Götter diese Frage stellen – als Kind, als Erwachsener und als hören Wollender, der sich um eine tatsächliche Verbindung zum „Allerhöchsten“ bemüht. Kinder und Heranwachsende werden mit Sicherheit wahrnehmen, mit was und wie sich Eltern, Großeltern, Geschwister, Lehrer, die Gesellschaft, die Gemeinde, Freunde, Feinde und das Fernsehen beschäftigen – und mit welchem Ziel. Wo jedoch eine nachvollziehbare und bestätigte Verbindung mit dem „Allerhöchsten“ m i t - e r l e b e n?

Das Internet als Informationsquelle wird nicht das letzte Spielzeug sein, mit dem sich Heranwachsende, doch auch Erwachsene durch ihr Hiersein surfen.

Bilder von einer Wi(e)dergeburt – gibt es die? Von einer Taufe, wie die am Jordan gewesen sein könnte? In „Überland-Bussen“ – in Äthiopien oder in Russland auf Bilder zu stoßen – vom Erzengel Michael, der mit seinem „überlegenen“ Licht-Schwert den unterlegenen und wehrlosen Teufel erschlägt – so einen Gott haben wollen? Nein, danke. Doch welches Selbstverständnis, welches Ich möchte dem Allerhöchsten diese Art des Kampfes „andichten“? Sein Sohn hat auf dieser Erde kein Schwert verwendet, im Gegenteil: Seine Worte sollten Falken in den Ohren klingeln. „Wer das Schwert in die Hand nimmt, der wird auch durch das Schwert umkommen.“

Da stimmt etwas nicht, in den uns von den Vorderen gemalten und überreichten Darstellungen, aus denen dann unsere Selbstverständnisse geboren und geformt wurden.

Eine Wi(e)dergeburt könnte auch ein Hineinschauen sein, in den Sinn der Zeitlichkeit, in die Geschichte des Universums, nicht nur in die von dieser Erde. Das Wahrnehmen von Hintergründen jedoch beginnt erst dann, wenn nicht der Name „Jesus Christus“ sondern der brisante Inhalt seiner Worte – über den größten Konflikt aller Zeiten – verstanden wird.

Auszuschließen wäre, dass sein Sohn oder der Allerhöchste oder der wieder heilen wollende Geist ihre Gesinnung, ihre Grundsätze, ihre Absichten und ihre Art und Weise den Großen Konflikt zu beenden – ändern werden. Wi(e)dergeborene können sich der U n w a n d e l b a r k e i t dieses einen Gottes sicher sein. Selbstverständnisse werden mit den verschiedensten Vorstellungen „missionieren“. Was für einen Glauben wird jedoch der sehr bald zurückkehrende Mensch und Gott Jesus Christus vorfinden? Einen, der nicht um Einsicht, Verstand und Weisheit zu bitten wusste – oder hin und wieder doch?

## 12. Wohin mit dem Müllberg?

Jeden Tag produziere ich, produzieren wir, Müll, ob wir das nun wollen oder auch nicht, bewusst oder unbewusst. Wir sind Teilhaber von dem, was hier, auf dem Planet der an ihre Selbstverständnisse Glaubenden geschieht. Einfach fallen und liegen lassen, gelegentlich etwas zur Seite räumen oder auf den Haufen werfen, der da ja eh schon liegt. Oder in den Ofen stecken, verbrennen und in die Luft blasen, so wie den Müll der Zeitgeschichte, auf dem wir gelegentlich wie selbstverständlich herumtrampeln. Das ist fast zur Gewohnheit geworden. Ab und zu wird etwas gebuddelt, gefunden, zur Seite gelegt, wieder vergessen, neu eingebuddelt oder eingerahmt.

„Lieber Mensch", von wem sich so anreden lassen? Ungewohnt – auch dem Autor würde es so gehen. A: Wer bin ich schon? B: Was könnte ich schon bewegen, außer meine Gedanken? Aber von wem sonst sie und sich berühren und bewegen lassen? Auf dem Planet der Selbstverständnisse hat sich eine Idee „eingegraben": „Die Gedanken sind frei." Sind sie das tatsächlich – oder doch absolut abhängig von den Selbstverständnissen in denen sie verbrettert „herumgeistern"?

Was müssen und haben sich Menschen allerdings gedacht, als sie das Schießpulver entdeckten und später das dazu passende Blei. Oder erst das Blei? Der gewünschte Erfolg hatte – und hat bis heute eine gewollte, zerstörende Wirkung: Tote, Verletzte, Verstümmelte, sehr viel Leid, Blut, Leichen, Tränen, jede Menge Schutt und Müll. Nicht mehr Brauchbares wie Menschen, Häuser, Städte, Landschaften.

Die gefährlichste Folge allerdings ist eine andere. Eine geistige, eine den Geist langsam erwürgende – oder etwa auch eine barmherzige? Lass Gras über diese und auch jene Sache wachsen, schon wird sie vergessen sein. Böse sind wir allerdings garantiert auf jenes Kamel, das da kommt und das Gras wieder abfrisst.

Da wir aber nun mal hier auf dem Planet der an ihre Selbstverständnisse glauben Wollenden leben, sind uns die verschiedensten „Abfallentsorgungsplätze" nicht unbekannt: Es beginnt mit einem „die Sache unter den Teppich kehren" oder „aus der Tür raus, links um die Ecke", da steht mitunter sogar ein Mülleimer, oder „hinten im Garten, gleich hinter der Hecke, da ist eine Grube ausgehoben".

Inzwischen befindet sich diese Grube irgendwo auf einem der Meeresböden – aus den Augen, aus dem Sinn. Nicht nur die Ostsee ist zu einem Endlager für Chemiewaffen und andere Arten von nicht mehr benötigter Munition geworden. Der Plastikmüll beginnt sich langsam, aber sicher, in die Nahrungsketten „einzuschleichen". Dann sind da noch die Friedhöfe, die entdeckten, und die unentdeckten Massengräber – und für den Sondermüll einsame Schluchten. Zur Not dienen auch alte, ausgeplünderte, stillgelegte Tanker – oder „nicht mehr rentable" Salzbergwerke als Endlager für Strahlendes. Das Grundwasser ist noch filterbar, irgendwann, wenn nicht schon jetzt, hat nicht nur die Gülle das Trinkwasser und den großen Wasserkreislauf erreicht.

Leben wir, die wir an unsere Selbstverständnisse glauben, auf dieser Erde, als ob sie uns nicht gehört? Gehört sie uns, hat sie uns je gehört, oder haben wir sie auf Zeit gemietet oder gepachtet oder einfach „übernommen“? Von Wem? Wie jedoch – als „Besitzer“, als „Eigentümer“, als Mieter, Pächter oder Verwalter eine Wohnung hinterlassen? Noch bewohnbar, für die kommenden Generationen, oder muss doch erst ein Müllcontainer kommen, wenn da ein Zeitabschnitt sein Ende erreicht hat?

Die Lebensphilosophie eines Eigentümers, Mieters, Pächters oder Verwalters lässt sich leicht an seiner Müllentsorgung ablesen. Doch selbst in der sogenannten „zivilisierten“, fast schon sterilen, Welt ist und bleibt die Frage ungelöst im Raum stehen und unter den Teppich gekehrt: Wo bleibt der Müll, einschließlich jener Dinge, die so ganz nebenbei „in die Toilette verklappt werden? Knopf drücken und alles ist weg? Für diese Art zu denken und zu leben, bezahlen wir einen hohen Preis. Mit dem Gewissen einer scheinbar guten Illusion. Wertstofftonne, Biotonne, Glastonne, Papiertonne, ein nicht zu übersehender „guter Anfang“ der MI – auch der CI – doch was dann?

Wohin mit der Restmülltonne, mit oder ohne Elektroschrott – verklappen oder verkaufen? Das ist bares Geld für all Jene, die dann im Müll nach Altmöbeln, Edelmetallen, Wohlstandsschrott und ähnlichem Verwendbaren buddeln. Sich Stollen graben, in ihnen schlafen, in ihnen sterben. Müllberge stürzen ein, begraben Menschen und Häuser wie hier mitten in Addis Abeba. Es ist aber schon wieder Gras über die Sache gewachsen.

Der Autor erinnert sich an einen Kleingarten im Frühling, nach der Schneeschmelze, im Harz. Im Wasser liegend, nicht immer, aber auch zwischendurch. Wie ihn „höher“ bringen? Schicht für Schicht und Streifen für Streifen mit dem von der Müllabfuhr eingesammelten Müll auffüllen – und die Erde kommt wieder obendrauf. Die Äpfel, die Erdbeeren und das Gemüse haben gut geschmeckt, doch zwanzig Jahre später musste der Garten „ausgekoffert“ werden, weil das Gewachsene nicht mehr genießbar war. Wussten sie – wir – ich – es nicht besser? Und heute?

Wer einmal mit eigenen Augen in den frisch geöffneten Magen eines Wales, in den unverdaulichen Inhalt und in die aufgebrochenen Magengeschwüre hineingesehen, den Gestank der krebszerfressenen Bauchspeicheldrüse gerochen, die dadurch verursachten Schmerzen wahrgenommen hat, den wundert es nicht mehr, dass auch Tiere einen schnellen Freitod suchen – und sich nicht nur „abschlachten“ lassen.

Was für ein „Know-how“ und was für ein (Ge-)Wissen steht der Menschheit nun, im Jetzt, im Heute, zur Verfügung, um den Müll zu entsorgen? Wie und wo den immer größer werdende Plastikanteil loswerden? Da hinten im Garten, irgendwo tief im Wald, an gerade noch befahrbaren Feldwegen, bequem vom Auto aus, in einen Fluss oder in ein „totes Gewässer“ oder direkt in die Weltmeere? Oder verkaufen? Das sind alles nicht unbekannte „Lösungen“, aber eine einleuchtende „Endlösung“ ist das nicht.

Wann wird es nicht mehr möglich sein, sich „kurzsichtig sein wollend“– oder müssend – durch das Leben zu schleichen? Auch jeder noch so gut konstruierte Hochtemperatur-Verbrennungsofen verbraucht Sauerstoff und hinterlässt Abgase, die in der Lufthülle dieser Erde bereits ihre Wirkung zeigen. Wo hin mit der hochgiftigen Schlacke aus dem Niedrig- und Hochtemperaturbereich.

Wo wird der Müll wieder „auftauchen“. Ihn in den Weltraum schießen – wer soll das bezahlen? Ihn direkt in die Sonne zu schießen – das hinterlässt ebenfalls Gase, und es ist ungewiss, was für „Nebenwirkungen“ eintreten könn(t)en. Was sollte die „Hauptwirkung“ einer Sonne sein? Etwa eine gleichbleibende Temperatur? Was soll, was darf es sein? Ist der Mond zu dicht dran? Sammelt sich auch auf ihm schon der Müll, liegt auch da schon welcher herum? Was wurde dem Weltraum bisher „anvertraut“, was verglüht noch in der Atmosphäre – und was nicht?

Jede Verbrennung, aus nur menschlicher Sicht, hinterlässt Asche, Schlacke und verbrannten Sauerstoff – und die grüne Lunge wird weiter abgeholzt. Wo, was und wann haben wir etwas übersehen und verkehrt gemacht – oder sogar verkehrt angefangen zu denken?

Ein Denkansatz könnte und sollte sein, dass da Jemand ist, der uns Menschen hier auf dieser Erde wollte – scheinbar aber auch gegenseitig

„Verheizen“ möchte. Ein Spaziergang durch ein Paradies scheint das allerdings nicht zu sein, den wir auf ihr gerade absolvieren – oder und im Sauseschritt eine „heile Welt“ für eine kurze Zeit zurechtzubasteln. Wer vom Jakobsweg spricht, muss noch längst nicht den tatsächlichen gegangen sein. Je nach Sicht und Selbstverständnis wird bis an den Horizont gelebt, mitunter sehr deutlich auf Kosten Jener, die im Morgen auch noch leben wollen. An der Schwelle stehen sie, erwachsen werden Wollende, und klopfen nicht nur bescheiden an. Was wurde uns „beigebracht“, was haben wir ihnen „beigebracht“ und vorgelebt? Was werden sie ihren Kindern beibringen? Wie das Gelehrte prüfen, wenn das Prüfen nicht gelehrt wurde, und, dass der eigene Horizont nicht der letzte ist, der da erreichbar vor unseren Augen liegt? Wird das etwa nur durch die eigenen Selbstverständnisse „etwas“ vernebelt?

Welten und Zeiten liegen hinter uns, Welten und Zeiten liegen vor uns. Welche stellen wir uns vor, welche entsprachen der Wirklichkeit, welche werden tat-sächlich der Wirklichkeit entsprechen?

Da keine Materie sich ohne Energie und physikalische Gesetze zusammengefunden hat, war und ist auch ein Ich notwendig, das die Energie dosiert und steuert, ähnlich der Steuerung der Sonne. Ein Ich, das sich diese „Gesetze“ erdacht hat, muss sehr klug sein. Es ist sogar in der Lage, Menschen zu konstruieren, „zu schaffen“, die in der Lage sind, Gesetzes zu begreifen, zu verstehen, doch auch zu ignorieren – oder sich eine „eigene Meinung“ zu bilden – oder zu missbrauchen. Durch keinerlei „Horizonte“ behindert, sieht der Ewige, der Allerhöchste, in eine Welt hinein, die ihn noch nicht wirklich will – und wenn, dann nur für ein beruhigendes, befriedendes und befriedigendes Selbstverständnis beim Weihnachtsfest – oder zu Ostern, im Jetzt – mit „Marmorkuchen"...

Bis auf Jene, die eine tat-sächliche Wiederkehr seines Sohnes erwarten, die einen sehr großen Konflikt erst einmal beenden wird. Auf einer Erde, die durch die verschiedensten Selbstverständnisse zugemüllt – auf ein „Was nun?" wartet.

Die sich bis dahin einzeln um ihre „Hierseinsberechtigung" bemühenden Götter werden es nicht leicht haben, ihre Schafe und Böcke zu „behüten". Doch auch da wird an einem „Allerhöchsten" gebastelt, der sich bisher unerschrocken, doch auch wütend, auf der Welt bewegt hat, um die Zäune der Selbstverständnisse für seine eigenen Ziele zu öffnen – und zu schließen. Wer warnt vor der Einsicht und verlacht sie? Wer hasst den Verstand und bietet scheinbar „Gleichwertiges" an? Wer belächelt sie, eine Weisheit, die eben nicht ein Schwert in die Hand nimmt und mit ihm droht. Jener Allerhöchste, dem kein Gedanke entgeht, stolpert nicht, auch nicht über den Hass seiner Widersacher – über den Hass (s)eines Widersachers.

Da jegliche Form und Art von Materie eine gedachte, eine gewollte ist und bekanntlich nicht ohne Wort funktioniert, steht logischerweise auch ein Ich dahinter, wenn auch noch unsichtbar. Die Logik ist durch die Umkehrung unwiderlegbar: Nichts geschieht auf dieser Erde, ohne dass ein Ich dahintersteht. Ein unsichtbar denkendes, ein handeln wollendes, ein sichtbares. Energiequelle: „Ich bin, Ich will“. Auch hier geht es nichts ohne vorher gedachte, auch Menschen verständliche Worte, auch aus einem wachsenden Selbstverständnis, das dann die Hände und ersonnenes Werkzeug als Hilfe benötigt.

Die „Kulisse“ der Materie, alles was sicht-, anfass-, umform- und missbrauchbar ist, es dient im Raum der Zeitlichkeit zur Prüfung Jener, die mit ihr lernen sollten und wollten umzugehen. Das Wie und das zu welchem Zweck wird den Charakter jeder Sache, und den des/der Ausführenden offenbaren. Wenn da nun immer noch mehr Müll an- und abfällt, wird der vorher „notwendige“, bisher noch sehr kurzsichtige „Denkprozess“ und der schon durchdachte Herstellungsprozess ins Auge fallen: A: Zu welchem Zweck, B: Wie „schnellstmöglich“ – auf dem Planet der Selbstverständnisse. Sichtbar werden die Folgen der M I – und der C I...

Jener, für den die Materie eben kein Spielzeug ist, hat sie, ihren Wert und ihre Anwendung, vorher genau durchdacht. Auch Jener und Jene, die für den Bau eines „unbekannten Flugobjektes“, eines „UFO’s“ Materie benutzen, die dann auf „unsichtbar“ umgeschaltet werden kann, zumindest für unsere Augen. Ohne ein Ich oder ein Wir ist da nichts möglich.

Das, was hinter der Kulisse der Materie, hinter dem Horizont der Selbstverständnisse geschieht, sollte nicht ignoriert oder belächelt werden. Sich als „außerirdische Sternengeschwister“ Vorstellende sind auf dem Weg, uns Menschen eine „neue“ kosmische Ordnung als notwendig darzulegen, sowie einen Aller Allerhöchsten, der in der Lage wäre, Menschen zu evakuieren. Als Gegenstück zu jenem Allerhöchsten, der den schon vor unserer Zeit begonnenen „Großen Konflikt“ mit der Offenbarung zweier Geheimnisse beenden wird: Das Geheimnis, wie ein Gott wieder in uns Menschen, in einem Ich, leben kann – und das Geheimnis der Bosheit.

Die Verknotung von Gut und Böse lässt sich zwar „durchschlagen“, hinterlässt dann aber nicht mehr zusammenhängende Fragmente von verschiedenen Fäden. Das Auseinandernehmen dieses Knotens hat dafür den Raum der Zeitlichkeit bekommen, und erst am Ende des „Großen Konfliktes“ wird die Farbe und die Herkunft der zwei Fäden „Gut“ und „Böse“ genau nachvollziehbar sein, so, dass kein Irrtum mehr möglich ist.

Wenn da ein Ich in der Lage ist, sichtbare Materie „wegzuschalten“, dann wäre das auch mit „unserem Müll“ möglich. Doch wenn der Müll nicht wäre, der uns mit Sicherheit noch über den Kopf wachsen wird, würden unsere Selbstverständnisse noch immer nicht reagieren. Da existieren kluge, weise und wünschenswerte Einsichten, ein einsehbarer und erklärender Verstand und jene Weisheit, die aus der bewusst beschlossenen Unwissenheit einen Filter erdacht hat. Unten heraus kommt der auf Richtigkeit Bedachte, hängen bleiben die „Besserwisser“, die nur blind glauben Wollenden und die, die das Böse, das „Unkluge“, das „Unweise“ nicht ablehnen. Die Geduld und Weisheit für diese Art der „Abwicklung“ des Großen Konfliktes ist wahrhaft meisterlich.

Riesengroße Raumschiffe wurden konstruiert, um Erdenbewohner – Ausgewählte? Selektierte? Oder Alle? – zu „evakuieren“. Wo hin? Und was wird aus der verlassenen Erde? Was wird aus dem Müll? Was wird aus den dann immer noch vorhandenen Selbstverständnissen, auch Jener, die da zurückbleiben müss(t)en?

Die andere „Variante“, die vom Ewigen erdachte, beschriebene, hat einen anderen Hintergrund: Eine freiwillige, nicht erzwungene Einsicht – in die eigenen „Denkfehler“. Auch in die bewusst gewollten und in die, noch durch die Unwissenheit „gedeckelten“, unbewussten. „Allmächtig“ reagieren, mit „Faust, Schwert und Bannstrahl“ – wer würde sie verstehen wollen, die Liebe eines Allmächtigen, eines „Vaters“ der sich – nicht – um jedes einzelne Ich bemüht?

Jener Mensch und Gott, der sich mit einer verständlichen Bitte zwischen Absichten und Folgen gestellt hat, mit seinem „Vater, vergib ihnen, denn sie wissen (noch) nicht, was sie tun“: Alle Achtung vor dem Mut, sich umbringen zu lassen, im Vertrauen auf (s)einen Vater, auf einen Allerhöchsten, der Tote wieder auferstehen lässt. Nicht, um Unwissende zu beeindrucken, sondern um seinen Plan zu vollenden: Geboren um zu sterben, das kann der Sinn nicht sein.

Allein der in den Weltmeeren verklappte und in die Nahrungsketten eingedrungene Plastikmüll, die „Abgase“, die in die Lufthülle geblasen werden und der nicht mehr übersehbare Restmüllberg. Gut, dass sich das Angesammelte, einschließlich des Weltraumschrottes, nicht einfach so „wegdenken“ lässt.

Der noch nicht entdeckte, jedoch gedachte Gedankenmüll, ob gesagt, aufgeschrieben oder „gesendet“, gleicht sehr dem nicht vollendeten Turmbau zu Babel. Die Ergebnisse müssten Nachsinnenden auffallen. Müllberge sind inzwischen höher als der Turm zu Babylon, und der Nationalstolz, bis in die einzelnen Sprachen hinein, hat gefährliche und „den Frieden“ gefährdende Grenzen erreicht.

Welche und wessen Pläne wird das Ich als Mensch, das Wir als „verantwortlicher“ Politiker verwirklicht sehen wollen? Welche Informationsquelle sollte nicht übersehen – und nicht überhört werden?

**Ein Mensch,
der sich seinem Glauben, seiner Annahme
überlässt ein
Weiser zu sein – wer wird es sein der ihn
vom Gegenteil
überzeugt?**

**Es ist nicht das Glück,
das den Menschen
angenehm und zufrieden
sein lässt,
hier auf dieser Erde.**

**Es ist die Art und Weise,
wie er mit sich umgeht –
und mit seinem Unglück,
vor
den
Augen des
Allerhöchsten...**

## 13. Die Verantwortung

Verantwortlich sein. Für was, für wen, vor wem und wer, Ich? Wann? Für Gedanken, für Gesagtes, für Gewagtes, für Entscheidungen, für Worte, für Geschriebenes, für (m)ein Verhalten, für (m)eine Reaktion. Der hat, die haben nicht, wir haben doch nur so gehandelt, weil ... Unser Selbstverständnis, mein Selbstverständnis, ich dachte, ich glaubte, habe ich nun richtig gedacht oder nicht? Wir sind nur Menschen. „Das Ich ist doch auch nur menschlich". Das Gewissen. Wir woll(t)en doch auch nur leben. Wenn da niemand an mich, an uns denkt, wie soll ich, wie sollten wir, denn sonst durch mein/unser bescheidenes Leben kommen? Wem gegenüber denn da noch verantwortlich sein – oder gibt es da etwa doch noch eine „höhere" Instanz?

„Zur Verantwortung gezogen werden", ein nicht unbekannter Vorgang für Jene, die glauben „verantwortlich" tätig zu sein, oder noch in die Verantwortung hineinwachsen, oder sie von vorneherein ablehnen. Anderen die Verantwortung „in die Schuhe schieben" – (k)ein Problem: Wir nicht, die da. Der da, ich nicht. Und wer dann? Weiß ich nicht, keine Ahnung, nicht zuständig, was weiß ich schon, wer bin ich schon. Der Schalter „An" vom Gewissen scheint einen Wackelkontakt zu haben...

Bis in welches Alter, bis zu welcher „Reife" setzen sich diese Art Sandkastengedanken und Selbstgespräche fort? Was wurde uns gelehrt, wer sind „unsere Lehrer"? Da ist das „Wir nicht, die da" und da ist das „Die nicht, aber Wir sind". Die

Bretterwände der Selbstverständnisse, sie sind noch immer da, und zu Grenzen geworden. „Wir bleiben lieber für uns, als Familie, als Volk, dann kommen wir weiter." Wer fühlt sich für wen, für was, „verantwortlich"? Eltern, auch geschiedene, für ihre Kinder, Kinder für ihre Eltern, der Führer für sein Volk, der Seelsorger für seine Schäfchen, die Böcke für die Nachkommenschaft, der Polizist für die Ordnung, der Arzt für seine Patienten, der liebe Gott für seine Schöpfung?

Da der „Allerhöchste" mehr Interesse an seinen Geschöpfen hat, als wir Menschen an Ihm, woher kommt dann die, nicht nur scheinbar, unüberwindbar große Kluft zwischen göttlichem und menschlichem Denken?

„Das kann doch nicht wahr sein, dass nur durch diesen einen Baum, durch diese eine Frucht, der Mensch stirbt. Schau mal, ich bin gar nicht gestorben, ich fühle mich sogar noch klüger als vorher. Dumm zu glauben, etwas Verbotenes getan zu haben. Ich bin frei, frei zu tun und zu lassen, was ich will". So habe es angefangen, unser „Selbstverständnis", mit dem auch „Verantwortungsbewusste" zu kämpfen haben. Die Zeit ist zu einer kaum noch akzeptierten Schule geworden, um in ihr sich mehr Gedanken machen zu können, zu wollen, doch auch zu müssen. Ein „gutes Gewissen" zu haben, vor dem eigenen Selbstverständnis und vor sonst niemandem? Ein gutes Gewissen sei ein gutes Ruhekissen. Was ist ein gutes Gewissen, was ist ein Kissen und was ist ein nicht gutes Gewissen...

Nicht erst seit der Zeitenwende wird es vermutlich die Worte „Pharisäer und Schriftgelehrte“ mit einem unangenehmen Beigeschmack geben. Sie selbst werden sicher dazu beigetragen haben. Der Mensch Jesus Christus hat ihnen wohl kaum diesen altbekannten Stempel verpasst. Was mögen sie selbst über sich gedacht und geglaubt haben, was für ein Selbstverständnis haben sie gelehrt und gelebt, bewusst oder unbewusst? Was lässt Menschen „verantwortlich“ zu „Schriftgelehrten und Pharisäern“ werden? Auch unbewusst, an was glauben wir und sie – wieder nur an unsere – oder an ihre Selbstverständnisse?

Die „das Volk lehrende Schicht“, auch Eltern, auch „Wortverkünder“, würden sie sich im Heute zur Verantwortung ziehen lassen wollen, von Jenen die ihnen glauben, mitunter blind glaubten – oder von Jenen, deren Selbstverständnisse sie lehrten, oder von Jenem, dessen Verstand sie vorgaben zu lehren?

Dieser und auch jener (Wort-)Führer – oder „Verantwortliche“ – haben sich im Laufe der Weltgeschichte auch schon mal der „Verantwortung“ entzogen, der menschlichen. Der „selbstgewählte Freitod“ ist nicht unbekannt. Einsicht – in was? Sie geht der „Verantwortung“ voraus. Wie ihr gerecht werden, auch vor sich selbst? Wer hat sich gewagt das Wort „Gerechtigkeit“ etwas gründlicher „durchzukauen“...

Ein Kind, das noch nichts von einer „Verantwortung“ weiß, was wird es werden wollen? Es beginnt wahrzunehmen, zu empfinden, zu hören, einzusehen, zu denken und zu glauben. Wird es sich für diese oder jene Idee spontan begeistern lassen? Durch wen, durch was? Da oben fliegt gerade ein Flugzeug – von „inpirierend“ bis abgelenkt – alles drin...

Heute müsste das „Vater, vergib ihnen, denn sie wissen nicht, was sie (noch) tun“ (werden) noch verständlicher sein. Die wachsenden, sicht- und unsichtbaren, geistigen Müllberge – mit den uns bekannten Philosophien und Technologien – auch sie mit im „Großen Topf der Zeitgeschichte, im Müll“ zu sehen – zu welchen Einsichten wird das „Wir“ – und das Ich im Wir im Heute fähig sein? Wird uns die K I wieder auf die Beine stellen? Was wird aus der „Charakterlichen Intelligenz“ – der C I? Menschen – und sich – im Käfig der Selbstverständnisse zu „entdecken“ – spätestens beim Blick in den Fernseher oder in das Internet hinein könn(t)en die dicksten Bretter wahrgenommen werden...

Was geschieht mit Jenen, denen es gelungen ist, den Horizont der Selbstverständnisse zu überwinden? Geht es ihnen wie dem Einäugigen im Land der Blinden? Hätte der Einäugige eine „Verantwortung“? Jener, dem es da zwischen den Zeiten gelang den Horizont aufzureißen – er wurde gekreuzigt. Der übernommenen Verantwortung hat er sich nicht entzogen. Nach seiner Auferstehung lebt er für diese Aufgabe und steht „dazwischen“, bis sich die Selbstverständnisse endgültig ausgehärtet haben werden, oder? Dem Zeitpunkt sieht der Allerhöchste ungern und nicht mit Freude entgegen.

Und da ist noch ein Ausspruch, der dem Autor aufgefallen ist: „So, nun hau ihn ab, den Baum. Er bringt seine Frucht nicht, was hindert er das Land.“ Da ist ein barmherziger Gärtner, der sich mit einer Bitte dazwischen stellt: „Bitte lass ihn noch dieses Jahr stehen. Ich werde um ihn herum graben, ihn düngen, mich um ihn kümmern. Eine Leimbinde werde ich um seinen Stamm legen, sein Immun-System ist ja total durcheinandergeraten. Den vergrabenen Hausmüll unter seinen Wurzeln werde ich wieder auskoffern müssen. Den Kot auf ihm und um ihn herum werde ich abwaschen und entfernen, damit keine Würmer und Fliegen mehr nachwachsen können. Bitte lass mich wissen, was ich noch tun kann, ohne ihm zu schaden.“

Ungespritzte Äpfel aus Neuseeland, die trotz einer gesetzlich vorgeschriebenen präventiven Spritzpflicht eine Exportzulassung für die EG bekommen haben. Die dem Autor bekannte „organic farm“ ist mustergültig sauber und aufgeräumt – „fliegenfeindlich“...

Den „Großen Knoten“ zwischen Licht und Finsternis, zwischen Gut und Böse „einfach“ mit Gewalt und vielen Worten, mit viel Chemie und einem scharfen Schwert durchschlagen zu wollen – vor wem sich da „verantworten“...

Die Verknotungen aufzudröseln, dazu ist etwas mehr als nur Geduld erforderlich. Verantwortliches Denken und Handeln setzt allerdings auch die Liebe zur Weisheit voraus: Bitte mit einer göttlichen „G I“, nicht eine „außerirdische“ oder menschliche – oder künstliche K I. Weisheit ohne

Einsicht in die Wahrheit gleicht einem Mistbeet, auf dem sehr viel gewachsen ist. Siehe Weltgeschichte. Der Allerhöchste hat sie wachsen lassen, um verständliche Darstellungen anbieten zu können, wenn da jemand um Einsicht und Verstand bittet – oder lieber doch der K I – und der C I vertraut...

Wenn die Zeit zu knapp wird, im Morgennebel eines neuen Tages – wer da glaubt Gas geben zu müssen und zu können überholt – den vor ihm fahrenden, störenden LKW-Zug. Aus dem Nebel heraus kommt eine Lichthupe, doch zu spät. Beide Fahrer überleb(t)en, der Beifahrer hingegen ist tot.

Wie kann eine Psychologin „verantwortlich" entscheiden, über einen Antragsteller, der an über zweiundvierzig Verkehrsunfällen innerhalb von sieben Jahren beteiligt war, bei denen es zweieinhalb Tote gab, er selbst schwer verletzt wurde, aber noch lebt und nun einen neuen Führerschein haben möchte, nach zweijährigem Entzug der Fahrerlaubnis?

Wenn der Gärtner da nun Jahr um Jahr, wieder und wieder die Verantwortung für den Baum ein weiteres Jahr gestattet bekommt, ist das wichtig – für wen? – für den Ewigen, den Gärtner, oder den Baum?

Ein Mensch, ein Pilot der nicht glaubt dass er ankommt sollte erst gar nicht abheben. Doch wer glaubt nicht alles menschmögliche getan zu haben – und hebt ab. Und dann kommen sie, die ersten Turbulenzen in den Wolken, die ersten

Luftlöcher. Zu glauben und zu hoffen, dass es sie nicht gibt oder nicht auf diesem Flug – sinnlos – und wirlichkeitsfremd. Die Ausbildung, das Training, die Praxis, die ersten Erfahrungen, die Schule, das alles hört nie auf. Dann geht es durch eine heiße Aschewolke, denn unten hat sich ein Vulkan geöffnet. Die Triebwerke fangen an zu stottern, hinten sitzen Passagiere, dösen, schlafen, oder hören hin. Sie haben „bezahlt", sie glauben, dass sie ankommen. Wer trägt für sie die „Verantwortung"?

Die Erde. Ein Planet. Ein Raumfahrzeug? Klein genug, um vom Mars aus ohne Hilfsmittel kaum wahrgenommen werden zu können. Es sind einfach zu viel Sterne da. Die Erde – eine Kugel bunt gemischter Materie, groß genug, um Menschen durch die Zeit und durch den Raum zu transportieren. Wohin und warum? Wer trägt da die „Verantwortung" – für wen, für was, vor wem?

Einem Kind „Verantwortung" abzuverlangen – schrecklich. Einem Kind „Verantwortlichkeit" vorzuleben hingegen, ist klug. Eltern verantwortlich machen, für die nicht gewollte Selbsterziehung – ein Kind verantwortlich machen für die Krankheit seiner Mutter oder seines Vaters – was läuft hier ab, auf dem Planet der Selbstverständnisse...

Zur „Verantwortung" ziehen – wer, wen? Wer sollte das tun dürfen? Ein „Gericht". Ein Richter. Ein Gutachter. Ein Seelsorger. Auf wessen Wunsch, weshalb, warum? Einen „Allerhöchsten" als Richter meiden. Wenn, dann ihn nur begehren als „barmherzigen" Vater? Wie tief müsste ein Seelsorger selbst erst fallen, bis er die Not einer Seele nicht nur theoretisch versteht? Wie würde er „helfen“ können, wenn er nicht selbst mit in den Brunnen hinein gefallen wäre – und nun eine Leiter anbieten kann, keine theoretische, keine „theologische“!...

Sich ein Zeugnis ausstellen oder ausstellen lassen oder sich geben oder sich geben lassen und es sogar sein wollen, ein „verantwortlicher Seelsorger“ – wie über den Horizont der geglaubten Selbstverständnisse hinaus – hineinsehen in die Not derer, die sich weder als blind noch unwissend verstehen. Nicht „die da“, sondern das eigene Ich.

Wann werden Menschen anfangen, verbindlich und verantwortungsbewusst zu denken und nicht nur glauben und leben, in ihrer Fehlbarkeit, mit ihren angenommenen Selbstverständnissen? Da uns Menschen das Gelehrte eher durcheinanderwirft, als dass es uns den „Großen Konflikt“ auf dieser Erde verständlich erklärt, wird es wohl der sich angesammelte Müll sein, der erst bis zum Himmel stinken muss, bevor etwas geschieht – verantwortungsbewusst und „bevollmächtigt“. Was wird er dort auslösen? Wie sieht es da mit einer Verantwortlichkeit aus – wer hilft hier wem beim (er)tragen?

## 14. Das glaube ich nicht

Was entspricht schon unseren Vorstellungen von einer heilen Welt? Was ist eine heile Welt? Was geschieht um uns herum auf dieser Erde? Ist es etwa nur ein Hineinwachsen, ein Nachwachsen, den bereits geglaubten Selbstverständnissen hinterher? Um die acht Milliarden lebende Selbstverständnisse gibt es zurzeit und tote laufen uns in Büchern, Bild und Tonträgern hinterher. Das durchleben wir hier gerade auf dieser Erde. Viele Gesichter hat er, der Planet der Selbstverständnisse. Deins, meins, unter vielen anderen. Doch was und wer sich da tatsächlich hinter den Fassaden verbirgt, wer wird das schon so genau wissen wollen? Wer sieht schon in das tatsächlich Gedachte hinein, ohne diese Fähigkeit zu missbrauchen?

Was wird es nun wahrhaben wollen, das Ich, der Mensch, das Wir? Was wird es nicht wahrhaben wollen? Aus dem, was sich da gerade durch die Gegenwart windet, lebt, schlängelt, tingelt bis glaubt und philosophiert, wer hat sich da nicht ein Selbstverständnis herausgenommen, bastelt an ihm herum, und glaubt daran? Die „Rolle" wird nun gelebt, die „Anerkennung" wird vorausgesetzt oder gesucht, erkämpft, gekauft, sogar „aus der Schrift und durch die Mehrheit bestätigt". Fast einem Spiel gleich, doch es ist nun mal kein Spiel mehr – und es war auch noch nie eins.
Jener, der in den Hintergrund der Weltgeschichte, in die Geschichte des uns sichtbaren Teils des Universums – und in den noch unsichtbaren, mit Sicherheit größeren Teil vom Kosmos hineinsehen lässt, und in seine Gedanken – es ist der Al-

lerhöchste. Nicht sein Widersacher, der sich auch als Gott angebetet sehen möchte. Bitte genau hineinhören in ein Gespräch, in das Selbstverständnis von Jenem, der auf dieser Erde Jesus als Mensch durch seine Fähigkeiten überzeugen wollte ihn anzubeten, um ihm danach seine Art von Macht „zu übergeben“. Das bewusste Nichtdarstellen der Wirklichkeit lässt im Charakter des großen Widersachers, in jedem Charakter, lesen.

Göttliches, Außerirdisches und Menschliches muss Nachsinnende nicht mehr unbedingt durcheinanderwerfen. Doch was ist tatsächlich göttlich und was ist nicht göttlich? Ist das von unseren noch (menschlichen) Selbstverständnissen abhängig?

Der wahre „Allerhöchste“ hat sich während der Zeitlichkeit der Weltgeschichte oft genug offenbart. Nicht nur durch seinen Sohn oder durch den Exodus eines nicht gerade willigen Volkes. Ein wahrhaftig kluger und weiser Gott – ist er das nicht auch noch im Heute? Kein aufdringlicher, kein klammernder, dafür ein geduldig abwarten könnender, ein barmender Vater (zweier?) – vieler Söhne – und Töchter!

Wer hat da nun uns Menschen in ihre (Be-)Reiche, an ihren Platz auf dieser Erde verteilt – und auch jene Selbstverständnisse, die da mitunter im Sandkasten der Zeit, fast unbemerkt, in Vergessenheit geraten sind?

Herrscher, Könige, Kaiser, Invasoren, Tyrannen, Pharaonen, Diktatoren, Herzöge und „die Geistlichkeit“ – wer hat sie „eingesetzt“, wem wurde

„die Macht“ gegeben sie heranwachsen zu lassen, sie zu erziehen, sie zu ernennen? Menschen in ihren Selbstverständnissen bestätigen – wer will, wer „organisiert das? Selbstverständnisse haben und werden das „Wir“ weiter in Stücke zerreißen, ohne sich um Einsicht, Verstand und Weisheit zu bemühen. Sind es nur menschliche Varianten? Selbstverständnisse sind von sich „überzeugt“. Ihnen zu glauben lässt vergessen: „Da steht ein Baum, schaut ihn nicht an“, der Warnende war seinerzeit auch schon – nicht aufdringlich.

Ein weiteres „Gespräch“ offenbart noch etwas genauer die Hintergründe aus der Weltgeschichte: „Hast du nicht gesehen, den auf Richtigkeit Bedachten, der das Böse meidet, der persönlich Anteil nimmt, nicht nur an seiner Nachkommenschaft? Oder Jenen, der in den Himmel sah, um mich zu begreifen, der mich zu verstehen und zu sehen suchte?“ Die Antwort offenbart eine nicht unbekannte Gesinnung – eine gute? Das bleibt dem Nachsinnenden überlassen.

„Schicke ihnen Katastrophen, Krankheiten, Kriege, Tote, Verstümmelte, Elend, Misserfolge, Dürren und Hungersnöte, Erdbeben, schicke ihnen Irrtümer, Lügen, Halbwahrheiten. Ihren Selbstverständnissen gestatte den Erfolg, sie werden sich von Deinem Denken entfernen, und sich kaum noch an „deine Worte“ erinnern lassen wollen.“

„Ein Gott, der da hört und sieht, aber seine Schöpfung nicht vor Schaden bewahren konnte, sogar seinen Sohn sterben ließ – als „alter Mann“

wirst du in die Welt der Fabeln und Märchen eingehen".
Die Antwort ist auf den ersten Blick schrecklich und zugleich auch weise:
„Siehe da, alles sei in deiner Hand, aber bedenke, dass jedes einzelne Ich von mir lebend gewollt ist. Und du willst sie ohne Ursache verführen. Sie werden deinen Vorstellungen Glauben schenken, sie werden reich und mächtig sein wollen, so wie du, gesund und schön. Sie werden sich nach ihren Selbstverständnissen richten, Anbetungsstätten, Tempel, Kirchen und Paläste bauen, um den Göttern ihrer Vorstellungen „Ehre" zu erweisen, um von ihnen Hilfe zu erfahren. Krankheiten, ich werde sie zulassen, du wirst sie weitergeben, und ihnen „helfen" chemisch und chirurgisch, du wirst sogar vor ihren Augen Wunder und Heilungen vollbringen, an ihren Körpern. Sie werden sich von deinem Geist leiten lassen wollen – und glauben mir zu dienen.

Bedenke, dass Ich es bin, der ihnen – und auch dir das Leben gab. Von deiner Hand werde ich das Leben jedes einzelnen Menschen fordern. Nicht nur das Blut von Abel und all Jener, die du hast umbringen lassen. Propheten, Sehende, Hörende, mir Glaubende, sogar meinen Sohn, um mich zu provozieren, dass ich dich töte. Ich werde das nicht tun. Du wirst dich selbst umbringen. Deine Energie, entfacht durch deinen Neid, durch deinen Ehrgeiz, durch deinen Stolz, durch dein „besser" sein wollen, durch deinen Hass, durch deine Wut, durch deine missglückte Selbstherrlichkeit, die da einem Feuer gleich in dir brennt. Dieses Feuer wird in dir ausbrechen und dich, Jene die dir glauben, und Jene die sich selbst glauben verzehren. Dieses „Feuer des Himmels“ wird unlöschbar sein.

Bedenke, dass Ich auch dich erhalte. Das große Feuer habe Ich bis jetzt aufgehalten, auch in dir, damit dir offenbar wird, was du tatsächlich wolltest: Deine Vorstellungen mit deinen Unwahrheiten und der Wirklichkeit vermischen. Wenn ich von den mir Glaubenden erwarte, dass sie nicht töten, werde ich das als ihr Vorbild auch nicht tun. Dir ist es überlassen, den Körper von Menschen zu zerstören, zu töten. Mehr wirst du nicht tun können. Die Seele, sie ist meine Konstruktion, meine Schöpfung. Ich werde sie bewahren bis zu jenem Tag, an dem nicht nur mein Sohn auf die Erde zurückkehrt, so wie er es selbst beschrieben hat.

Bedenke, dass das gesamte Universum daran Anteil nimmt – und genommen hat, an dem größten Konflikt aller Zeiten, und sehen wird was Gut und was Böse ist und war – und wer so bleiben will – und sich dadurch selbst zerstört. Du wolltest, dass die Angst regiert. Dadurch hast du dich zwischen sie und mich gestellt, als Verführer, als Gott-Darstellender – als Lügner, als Mörder – und mich bewusst als einen schlachtenden und unbarmherzigen Richter und „alten Mann“...

Jene, die dich und mich verstehen gelernt haben, werden frei und ohne Angst sein, mit der du zu regieren dachtest. Du wolltest, dass sie sich vor mir fürchten und ich habe ihnen einen Weg gebahnt, den du ausgeschlagen hast: Der Weg meiner Art der Barmherzigkeit und Liebe. Gedanken, die ich dir angeboten habe, hast du aus Stolz und

Trotz abgelehnt. Du willst weiter bewundert werden, von Jenen, die dir glauben, um weiterhin ein von ihnen anerkannter, unsichtbarer Gott zu sein? Neben wem – und über wen?

Die Bitte „Verzeih mir meine Unbedächtigkeit, meine Uneinsichtigkeit, meinen Trotz, meinen Stolz und Starrsinn, den Missbrauch der mir gegebenen Macht – die geduldeten und gewollten Intrigen“, ich kann sie dir nicht auf die Lippen legen, noch in dein Gewissen pressen. Das ist die Freiheit, die ich auch dir gab. Du hattest die Wahl, du hast dich gegen besseres Wissen entschieden.

Wurdest du nicht mit den besten Begabungen ausgestattet, nicht nur mit der Fähigkeit zu töten? Wolltest du mir gleich sein oder wolltest du noch mehr? Die Allmacht und meine Fähigkeiten, siehe, ein Wort von meinem Sohn: „Glaubende standen wieder auf und wurden wieder getötet“. Von wem? Von mir, von dir, von denen, die da an ihre Vorstellungen, an ihre Selbstverständnisse, glaubten – was oder wer hat sie verführt?

Der Glaube an die dir gegebenen Fähigkeiten, haben sie dich tollkühn werden lassen? Gab ich dir nicht ein Beispiel, auch durch meinen Sohn? Was siehst du in ihm, dass ich nicht auch bin? Was hast du für Vorstellungen von meinem Charakter, meiner Demut, meiner Bescheidenheit, meiner Weisheit, meiner Bedächtigkeit, meiner Liebe, meinem Verstand? Hast du seine Unaufdringlichkeit als meine Schwäche gewertet? Die unbewusste Unbescheidenheit und Unwissenheit

der Menschen ausnutzend, hast du dir deine Welt gebaut, in den Raum der Zeitlichkeit hinein. Du erfindest und forderst und flüsterst heimlich, von „universalen, neuen Gesetzen aus dem Kosmos“. Sind meine, „die alten“, dir ein Dorn im Auge? Sind meine Wege deinen Absichten im Weg? Bedenke, Jener der dich ins Leben gerufen und begabt hat, er ist bescheidener als du.“
Sind das dem Allerhöchsten nur in den Mund gelegte Worte?

Es wird niemandem leichtfallen, in sich das Verhalten, die Gedanken und den Charakter eines Pharisäers oder eines Schriftgelehrten zu entdecken. Wozu sonst eine Wi(e)dergeburt, eine Bekehrung, einen neuen Geist, ein neues Herz? Was für eine Einsicht sich erbitten?

Wem wäre es am Anfang seines „Nachsinnens“, am Anfang seines „Hierseins“ in den Sinn gekommen, dass es hier, auf dieser Erde, einen ernsthaften, lebensgefährlichen Konflikt gibt? Zwischen Licht und Finsternis, zwischen „Gut“ und „Böse“, zwischen dem Allerhöchsten und seinem Widersacher, der sich als Aller-Allerhöchsten sieht und sich als solcher auch schon ausgibt. Nur weil es ihm gegeben sei, sich mit einer Minderheit „abzuspalten“?

Wer aufmerksam hineinhört in die Medienlandschaft auf dem Planet der Selbstverständnisse weiß: Hinter den Fassaden brodelt es. Ein All-Allmächtiger beginnt, sich durch „unsere Sterngeschwister“ zu offenbaren, mit neuen Gesetzen und einer neuen Weltordnung „aus dem Kosmos“. Nicht nur Politiker sind an ihm, an sei-

nen neuen Gesetzen und an seiner Macht interessiert.
Der auf Richtigkeit Bedachte, der sich ernsthaft um Hintergrundwissen müht und nicht mehr (s)einem Selbstverständnis glaubt, der wird fündig werden. Das ist nicht nur eine „Verheißung“, es ist ein Versprechen. Von dem, dessen Geduld, Liebe und Weisheit nie aufhören wird zu existieren. Töten wird er den Un(-realistisch)-Glaubenden nicht – schade, wenn Menschen mit ihrem Selbstverständnis im Arm an ihrem Sterben kleben bleiben...

„Ewigkeitsvorstellungen“ und Selbstverständnisse werden mit tödlicher Sicherheit an der Realität scheitern. Verständlich werden sie dann sein, die mahnenden Worte:

„Ich bin nicht gekommen, um Frieden auf die Erde zu bringen. Ich bringe jenes zweischneidige Schwert, das die größten Entzweiungen auslösen wird.“

Frieden und Selbstverständnisse passen nicht unter einen Hut, ohne die Androhung von Gewalt. „Um der Logik, der Wahrheit und meines Namens willen, werdet ihr gehasst werden.“ Verständlich, denn Menschen sind bisher durch die verschiedensten Vorstellungen und Selbstverständnisse von einem Allerhöchsten, von einem Aller-Allerhöchsten, in die verschiedensten Richtungen hinein „verpilgert“ worden – weil wir Menschen das so wollten? Wer oder was hat uns gezwungen, blind zu glauben oder nur bedingt sehend zu sein. Der Stolz etwa? Er ist dumm. Die Bequemlichkeit? Sie ist gefährlich. Das wird nicht nur der Mensch, jedes Ich, für sich selbst herausfinden müssen. Hinter dem Horizont der Selbstverständnisse liegt das, was der unveränderbare Allerhöchste anzubieten hat: Sich.

## Anmerkung

Selbstverständnisse – wollen oder müssen sie „überzeugend“ sein? – wollen sie über-zeugt werden? Erschrocken sein – wann – wenn sie einem Verstand begegnen, der sie schlagartig verstehen lässt und zu nichts zwingt? Von wem, durch was lässt sich das Ich, lassen sich Menschen beeinflussen, überzeugen, belehren, bekehren? Nur dann, wenn das Gehörte und Gesehene dem Selbstverständnis entspricht? Das Schlimmste, was einem Ich geschehen kann: Der Glaube an (s)ein Selbstverständnis, das zu wissen glaubt, sich nicht geirrt zu haben – und sich nicht irren kann? Es wird dadurch stolz und unbescheiden, herausfordernd – oder depressiv – oder aggressiv – unbewusst?

## 15. Bitten und Selbstzeugnisse

Was ist eine ernsthafte Bitte. Was geht ihr voraus. Und dann die Antwort. Was ist kein Selbstzeugnis.

Am Beginn dieses Kapitels erregt – am Ende entsetzt – der Autor – beim Schreiben, beim sich hinein denken – in obiges Thema. „Bitte gib mir, damit ich leben kann, denn ich bin arm und Du bist reich". „Bitte gib uns, damit wir leben können." „Bittet, so wird euch gegeben – und wo wird das Gegebene sichtbar?

Öffentliche Bitten „an den Himmel" zu richten, wem ist das nicht bekannt? Da sind die Bitten um schönes Wetter, um ein langes Leben, um Gesundheit, um Glück, Erfolg und Segen, und um „Frieden" in diesem, in jenem und in unserem Land, und „auf dieser Erde". Auch wenn Bitten zu einer nicht weiter durchdachten Selbstverständlichkeit, oder zur Gewohnheit geworden sind, sie entsprechen unseren Selbstverständnissen, unserem Ich – und unserer Selbst-Denk-Erziehung. Und damit alles so weitergeht wie bisher, wird sich ein „Gott" passend zurecht gedacht oder geschnitzt oder gemalt, der die Bitten erhört – natürlich ernst gemeint, um denen „da oben" auf die Finger zu klopfen, damit sie sich an einen Tisch setzen. Wozu?

Einen mehr oder weniger bewusst um den Hals oder an die Wand gehängten Gott anbeten – und vor ihm (s)ein Selbstverständnis bekennen, von einem Allerhöchsten, sogar von einem „Aller-Allerhöchsten" reden – wird sich dadurch tat-sächlich etwas „bewegen“ lassen? Wie da eine Antwort von Gott erwarten – oder bleibt das Beantworten dem „Bodenpersonal“ überlassen?

Den Mund eines Gottes zu befragen der auch antwortet – das wäre wohl weitaus wichtiger als zu glauben einen Mund gefunden zu haben, dem das Selbstverständnis abhörbare Erklärungen auf bezahlte Lippen legt. Jenem, dem die Sache „den Mund des Herrn befragen“ tatsächlich wichtig ist, der wird an der Überwindung von individuellen, subjektiven Selbstverständnissen und Selbstzeugnissen vorbei – ganz sicher zu „ernüchternden“ Ergebnissen kommen. Das um Einsicht, Verstand und Weisheit bitten setzt voraus entdeckt zu haben, dass Selbstverständnisse, Selbstzeugnisse und unbewusstes „Eigenlob“ eine mitunter übelriechende Rutschpartie ermöglicht haben, quer durch den Raum der Zeit, quer durch Gemeinschaften aller Art.

„Geld einsammeln“, viel Geld einsammeln, für Projekte, die dann den Vorstellungen von Selbstverständnissen entsprechen – ist das zu einem Ersatz geworden – etwa um „den Mund des Herrn“ nicht mehr befragen zu müssen, nicht mehr befragen zu können, oder auch gar nicht mehr zu wollen? „Wissen“ wir eine Antwort?

Die Sprache von Pharisäern und Schriftgelehrten hat ganz gewiss schon während der Zeitenwende nicht dazu beigetragen Einsichten zu vermitteln, die eine Seele benötig, um endlich auf verwässerte Milch verzichten zu können. Wen wird eine kluge Frau fragen wollen – und können? Einen klugen, weisen Mann, aber wo ist er?

Das Interesse wecken, für Hintergrundfragen. Wer wird sie beantworten können? Wo ist jener Geist der weise, klug und bedächtig die Quelle von Einsichten darlegen, einen Verstand der das Selbstverständnis ablösen, und eine Weisheit einschließlich Wahrheit, erklären und vermitteln kann – und sie selbst lebt? Dass sich da Horizonte verschieben – das dürfte logisch sein für Jene, die aus dem Käfig der Selbstverständnisse herausschauen, sich heraus gewagt und bewegt haben.

Elf von zwölf „Schülern“ begannen zu begreifen, dass Selbstverständnisse ihnen bei ihren „Aufgaben“ nicht hätten helfen können. Siebzig Schüler wurden auf die Reise geschickt, mit einem noch nicht erbetenen, aber mit einem ihnen „vorläufig“ gegebenen Geist, der in der Lage war nicht nur Hoffnungen zu wecken.

Jener, der die Kasse verwaltete, hätte sich im Heute ein Verwaltungsgebäude mit vielen Angestellten und für das Bodenpersonal eine kleine Kapelle gebaut. Später einen Dom, für den die Armen, Kranken, Krüppel, Waisen, Witwen und Alten nicht nur ihre letzten Groschen einlegen würden. Die an ihre Selbstverständnisse Glaubenden „dürften“ spenden, spenden, spenden: Für die Selbstverständnisse ihrer Kirchen, ihrer Seelsorger, ihrer Verwalter und deren Weltanschauung. Krankenhäuser, Universitäten und Apotheken würden folgen. Wessen, oder welche Namen werden dazu genutzt um an Geldaufwendungen für Selbstdarstellungen und Selbstzeugnisse „heranzukommen“...

Was geschah in Jerusalem vor – und was nach dem „Ausgießen“ eines etwas anderen, verheißenen und erbetenen Geistes – nach den fünfzig Tagen? Was würde die Bitte um jenen Geist im Heute bewegen? Jene, die um ihn bitten, werden entdeckt haben, dass sie ihn, seine Vollmacht und seine Fähigkeiten noch nicht haben – und bisher nur über ihn geredet wurde. Er lässt sich nur ernsthaft, nicht mit dem Mund erbitten...

„Ihr habt nicht, weil ihr nicht darum bittet“, diese Aussage könnte den Selbstverständnissen von Pharisäern und Schriftgelehrten ein Korkenzieher in den Ohren, aber auch ein Dorn im Auge sein. Nicht nur im Gestern....

Bitte stöbern Sie, in Ihrem eigenen Interesse, systematisch in der Geschichte dieser Erde nach Charaktereigenschaften, Selbstzeugnissen, Lebensläufen und Lebenszielen. Das „Wir sind“ und „Ich bin“ wird dem Nachsinnenden auf Schritt und Tritt begegnen: Worte und Werke, vollbrachte, auch nicht vollendete, von Musikern, von Sehenden, von Philosophen, von Schreibenden, von Anteil-Nehmenden, von Menschen – „hervorragende“ Selbstverständnisse und Selbstzeugnisse...

Sich aber um die Seele Sorgende – wer wird es sein – außer dem einen Gott und den vielen kleinen tausend Teufelchen, mit ihrem Aller-Allerhöchsten.

Seelsorger – sind das nicht auch Politiker, Sozialarbeiter, Pädagogen im Kindergarten, die Eltern oder das Fernsehen? Und dann sind da die, die sehend sein woll(t)en, die hörend sein woll(t)en, all die Priester, Pastoren, Prediger, Päpste und Propheten dieser Welt Geschichte – aus den verschiedensten Weltanschauungen, Philosophien und Religionen. Wem wird sich da nun „ein Seelchen“ zuneigen wollen – oder müssen – oder wird es schon vorher einverleibt, wie selbstverständlich, vorbeugend, natürlich „gut gemeint“?

Seelsorger werden sich messen lassen (müssen). Nicht nur an ihren Worten, nicht nur an ihrer persönlichen Anteilnahme. Welche Not wird die größte sein? Nur die Not eines kranken Körpers – nicht auch die Not des „wirklich“ helfen Wollenden – und noch nicht helfen Könnenden?

Die Bedürfnisse der Menschen sind ganz bewusst nicht beschränkt worden – auf das gute Essen, Trinken, Schlafen, Kleiden, Wohnen, Geldverdienen und Fortpflanzen. Wer möchte nicht herausfinden, um was es hier auf dieser Erde geht. Nicht nur Brot und Spiele interessieren „das Volk“.

Menschen lenken, leiten, behüten, befrieden und zu unterweisen – dazu sollten auch Fähigkeiten und nicht nur der Wille dazu vorhanden sein. Ein Auftrag – doch von wem und mit welchem Ziel?

Bei einer „Prüfung“ werden auch jene vierhundert „Seher“ dabei sein, die von sich glaubten „richtig“ zu deuten, „wahr zu sagen“, doch sie scheiterten kläglich. An gewollten, aber nicht erfüllbaren „Prophezeiungen“.

Weder die Mehrheit noch die Gunst sollten Einfluss haben auf das, was ein Ich sucht und weitergeben möchte: Wahrheit. Ein Seher sah „richtig“ und wurde folgerichtig gehasst.

Der Autor nennt hier bewusst keine Namen von „Propheten“, benutzt aber Ereignisse und Handlungen als „Prüfrahmen“ für „Sehen lernen Wollende“.

Hass, Schmerz, psychische, physische Gewalt und Feuer zu predigen – das wird ein auf Richtigkeit Bedachter jenen Priestern, Propheten und Predigern überlassen, die sich „ihren Rahmen“ herausgesucht haben. Ob sie auch selbst ihren Empfehlungen folgen oder ihr eigenes Leben in die Waagschale legen – das wird entweder ihrer Überzeugung entsprechen – oder es könnte auch eine Anweisung ihres Gottes sein.

Allerdings war und ist da ein Sehender, ein Prophet – und mehr als das – der sein Leben in die Waagschale gelegt hat, für die Lebenden auf dem Planet der Selbstverständnisse, ohne einen Tropfen fremden Blutes dabei zu vergießen, gleich seinem Vater. Um den Neid und den Hass auf ihn zu erklären, kam dieser Mensch auf diese Erde. Nicht mit einem tötenden, sondern mit einem zweischneidigen Schwert, das in der Lage ist Gutes und Böses – und das Selbstverständnis vom Ich zu trennen – nicht ohne das Loch mit seinem Verstand zu füllen. Klug und verständig, ohne fremdes Blut, aber nicht ohne sein Opfer. Mit sehr viel Leid. Denn wer begreift schon auf Anhieb die Gefahr bei der „Verteidigung“ von gewohnten Selbstverständnissen – wen da um Einsicht, Verstand und Weisheit bitten...

Ein blutloses Schwert wäre der erste „Prüfrahmen“ durch den ein Seher hindurch passen können müsste – und sollte.

Das tötende Schwert wurde verdammt, von dem der da sprach: „Stecke dein Schwert wieder in die Scheide, denn wer das Schwert in die Hand nimmt, wird durch das Schwert selbst umkommen.“
Was wird ein „Sehender“ für einen Charakter haben wollen? Seinen bisherigen oder den seines Lehrers – wessen „C I“?

Wer wird Gewalt an Männern, Frauen und Kindern zu ächten beginnen? Wer wird Tote wieder ins Leben zurückholen und auf das Tote in noch Lebenden aufmerksam machen können – genauer: Auf das immer noch zusammen mit dem Ich eingenagelte Selbstverständnis.

Gott, das ist jener Allerhöchste, der sich durch seinen Sohn verstanden wissen möchte – nicht Jener den wir Menschen durch die verschiedensten Selbstverständnisse „zu verstehen haben“. Jener Allerhöchste hat auch den dazu notwendenden Verstand, um das Wohlgefallen von uns Menschen zu erwerben. Er erzwingt es nicht, er schleicht sich nicht ein und er erpresst nichts. Er wartet auf den tatsächlich auf Richtigkeit Bedachten, der sich von ihm unterweisen lassen möchte.

Geduld, Barmherzigkeit, Weitsicht, Weisheit, Wahrheit und eine unbeirrbare Beständigkeit sind die Inhalte seiner Worte, seiner Liebe. An ihr werden sich nicht nur „Propheten“, „Sehende“

messen lassen müssen. Auch sehr scharfe, kluge und konsequente Zurückweisungen von Selbstverständnissen und Anmaßungen gehören dazu.

Das wäre der zweite Rahmen, in dem Jene hängen bleiben, die mit ihren Selbstverständnissen und eingesammelten Geldern eine Herde zusammengetrommelt haben, die Seelsorge jedoch den Schafen selbst überlassen. Da sollte es in der Erinnerung laut klingeln: „Wir haben gepfiffen, aber die da haben nicht gehört".

Der dritte Rahmen wäre die persönliche Anteilnahme vor Ort, durch den Jene verständlich werden könnten, die sich nicht als „Belehrende" aufdrängen, die einfach da (mit)leben, wo die Probleme die (Volks-)Seele direkt berühren. So wie Jener, der auf eine Hochzeit gebeten wurde um auszuhelfen – mit Wein. Oder an einer Leichenbahre, zu der er nicht gebeten wurde. Seine Autorität war da schon entscheidend gewachsen, das Ergebnis: Ein wieder lebender Mensch, bei dem auch kein „Reanimierungsbesteck" mehr geholfen hätte.

„Nimm dein Bett und bringe es in dein Haus", gesagt zu einem nicht mehr gehfähigen Krüppel – warum klingen die Worte in unseren Ohren wie die aus einem Märchen aus „Tausend und eine Nacht"?

Da sind noch mehr aufstellbare Rahmen durch die sie hindurchmüssten, die „Sehenden". Auch das eigene Ich hat da eine Verantwortung: „Prüft jene, die sich hier Sehende, Apostel, Lehrer oder sonst wie nennen mögen, ob ich sie gesandt habe.“ Oder seid ihr dazu nicht in der Lage, nicht in die Lage versetzt worden? Wer sich geliebt weiß, vom Allerhöchsten, wird darum zu bitten wissen um mit Seinen Augen sehen zu können – und nicht mit den Augen eines der vielen Selbstverständnisse. Er wird auch wissen, wenn der Allerhöchste um Verstand gebeten wird, er nur Seinen mit bestem Gewissen vergeben kann, wenn bewusst ein „eigenes Selbstverständnis“ als tödlich, als „Sünde“ verstanden werden würde.

Wer Interesse an der Wahrheit hat und sie selbst nicht nur mit den Lippen liebt, dem wird die Unwahrheit, die oft unbewusste Lüge, sofort auffallen – und als schrecklich bis provozierend empfunden werden. Wer dann auch noch die Weisheit liebt, die mit der Wahrheit klug umzugehen versteht, der wird beide nicht mehr missen wollen.

Sich um das Wohl sich anvertrauender Schafe zu kümmern setzt nicht nur das Sorgen um das leibliche, körperliche Wohl voraus. Da ist eine Seele die sich geborgen wissen möchte, mit einem Geist, der die Antworten auf seine Fragen nicht einfach nur so übernehmen möchte. Das „geistliche“ Wohl könnte eine neuere Erfindung sein, von „Geistlichen“, von Schriftgelehrten und Pharisäern, die sich allzu gern und allzu oft als Vormund verstehen, so lange als möglich, nicht unbewusst, von Jenen die sie noch für unmündig oder noch nicht für volljährig halten. Das scheint nicht nur eine Praxis im Gestern gewesen zu sein.

Wozu da nun jemandem zuhören, der gut pfeifen, gut predigen, gut singen, oder gut schreiben kann? Selbstverständnisse haben unsere Welt auseinandergerissen und werden sie auch noch weiter auseinanderreißen, nicht ohne Grund. Offenbaren wird sich dadurch der auf Richtigkeit Bedachte, der seinen Weg gehen möchte – und geht. Nicht ein Selbstverständnis, sondern der erbetene Verstand wird es sein, der ihn Seinen Weg suchen – und finden lässt.

Das so genannte „dumme Schaf" – wir – „das-Volk", dem bisher viel erzählt, gepredigt und erklärt wurde, wird abweisend reagieren, wenn sie schon wieder jemand belehrt: „Du musst uns glauben, unsere ‚Sternengeschwister' haben uns gelehrt, der Allerhöchste Aller, ein ‚Neues kosmisches Bewusstsein', wieder ein ‚neues Selbstverständnis' auf dem Planet der Selbstverständnisse und der an sie Glaubenden – ein noch viel gefährlicheres –?

Da sind zwei Selbstzeugnisse die sich scheinbar gegensätzlich gegenüber stehen: „Aber ich glaube doch" und das „Aber ich glaube nicht(s)". Beide Zeugnisse stammen aus dem Selbstverständnis. Das Erste ist ein erstauntes, sich rechtfertigendes, das Zweite ein sich trotzig distanzierendes, doch Achtung – beide glauben! Menschen begegnen sich mit ihren Überzeugungen – und sind abhängig vom Glauben an ihre Überzeugungen. Ob sie nun richtig sind oder auch nicht. Erst die verstandene Bitte um Einsicht, Verstand und Weisheit, die ohne Wahrheit nicht funktionieren kann, wird das in Gang setzen, was ein auf Richtigkeit Bedachter begehrt zu finden: Die Wahrheit mit jenen Hintergründen, die nur der tatsächlich „Allerhöchste" offenbaren kann. Selbsttäuschungen und Halbwahrheiten werden – auch im eigenen Ich – entdeckbar sein – wenn es gelernt hat Selbstverständnisse zu hinterfragen – um verzichten und „überwinden zu können...

## 16. Gedanken und Erwartungen

Sich mit den eigenen Gedanken zu beschäftigen – kein Problem. Wir sind individuell in unser kleines Leben hineingeboren worden – gleich nach der Geburt geht's los: Wo fühle ich mich wohl? Wo habe ich mich das letzte Mal wohlgefühlt? Das Ich erinnert sich an die ersten Wohlfühl-Erlebnisse – wo ist es warm und kuschelig, wo kann ich schlafen und träumen, Milch bekommen, Nahrung zu mir nehmen, wer berührt mich. Tut mir das gut, wer ist es der mich da bewegt, mich auf den Arm nimmt, mich mit seinen Lippen berührt – sogar die Wärme spürt das Ich, mehr oder weniger bewusst, wie selbstverständlich oder etwa doch nicht ganz so selbstverständlich?

Mit welcher Selbstverständlichkeit werde ich – besser – wurde das Ich auf den Arm genommen. Mit was für einem Selbstverständnis wird – besser – wurde das Ich „kontaminiert"? Was wächst da – besser – was wuchs da im Ich heran, das von nichts eine Ahnung hat – besser: noch – von Nichts eine Ahnung hatte...

Auf dem Planeten der Selbstverständnisse wird gedacht, geglaubt, erwartet – und dann wird „nachgeholfen". Denn da ist noch etwas: Das „Ich will". Was will es nun, so ein Ich? Und dann ist da noch ein Ich und noch ein Ich und noch ein Ich. Die ersten Worte prägen sich ein, in irgendeiner dieser vielen Sprachen die ein Ich irgendwann aufgreifen wird.

Wie ergeht es nun so einem kleinen Ich, das da mit einer noch unbestimmbaren Sehnsucht, mit noch unbestimmbaren Erwartungen beginnt sich mit sich selbst und mit jener Welt „zu beschäftigen“, in die es da gerade hineingeboren wurde?

Wie viele dieser kleinen „Ich-will-auch-Denkenden“ mögen es wohl sein, die da geboren wurden, in den Raum der uns bekannten Zeitlichkeit hinein.

Was wird das für ein Ich sein, das sich über u n s Gedanken macht, Gedanken gemacht haben muss – vorher – würde es uns ohne Gedanken überhaupt geben? Wer wollte das so, dass ein ahnungsloses Ich beginnt, seine Welt erst einmal mit seinen Augen zu entdecken? Wessen ausgesprochene Gedanken wird es beginnen nachzuvollziehen, um sie „nur“ zu übernehmen und in das eigene Selbstverständnis einzubauen?

Gedanken – spielen sie mit uns oder spielen wir mit ihnen? Sind sie frei erfunden, frei erhältlich oder drängen sie sich auf? Was für einen Einfluss wollen sie nehmen, was haben sie schon längst beeinflusst? Woher kommen sie, warum haben sie sich ausgerechnet in mir einen Platz gesucht? Denk positiv. Denk nicht negativ. Was ist positiv? Was ist negativ?

Frei, doch nicht ungefährlich sind sie schon, doch nie ohne Absicht. Wir gehen ihnen nach, wir geben ihnen nach, wir lassen sie in uns wohnen. Was werden sie in uns „anrichten“...

Dieser Welt Geschichte ist voller Beispiele gelebter Gedanken. Sie mit Pulver und Blei erschießen geht nicht, es sterben zu viele Menschen dabei.

Einige lassen sich nicht einfach so sterben, sie schießen bevor sie erschossen werden, und sind darauf stolz schneller gewesen zu sein. Und schon sitzen wir drin, im schlimmsten Schlamassel, in einem Weltkrieg, in einer weltweiten „militärischen Operation“ oder auf Wolke 24, im Land der Träume. Dazwischen all das was hier auf dem Planet der Selbstverständnisse abläuft und schon abgelaufen ist. Ist das nun „die Wirklichkeit“ oder ist das nur eine relative, individuelle, subjektive Wirklichkeit, jetzt, momentan, die im Heute, als Ergebnis jener Gedanken, die da so herumgeistern?

Der Wunsch nach einer „Erneuerung“ – ist er ein alter oder ein neuer? Soll es ein neuer Geist sein, mit neuen Gedanken, oder ein „verschlimmbesserter“ alter, mit frisierten alten Gedanken? Das Wie und Wann, wem bleibt das überlassen? Menschen die Einfluss nehmen möchten gibt es mehr als genug, die versuchen ihren Vorstellungen, Selbstverständnissen, Überzeugungen – und ihrem Glauben hinterherzuleben. Käfige füllen sich, Käfige leeren sich, Inhalte, sie schwappen von links nach rechts oder umgekehrt.

Gedanken – was erwarten sie von uns – etwa dass wir uns mit und an ihnen begeistern, oder dass wir sie prüfen, oder ablehnen – oder weitergeben weil sie uns gefallen haben? Das Ich, das Wir, ob nun klein oder groß, es darf, soll und muss – Was?

Welches Ich wünscht sich nicht geborgen zu sein, in einer Sache die es glaubt zu verstehen. Hat es jedoch auch das Prüfen gelehrt bekommen? Wer möchte nicht einer Sache bewusst trauen können, nicht weil er – auch im Heute – „nur zu vertrauen hat“: Wir leben nicht allein im Kosmos, jedoch noch auf dieser Erde, halten noch an den Sinn einer „Ehe“ fest – auch die zwischen Himmel und Erde – wie am Beginn der Zeit erdacht. Den Stempel auf dem Hintern oder in der Seele zu prüfen, ihn erst einmal als relativ zu betrachten – das geschieht „wie selbstverständlich“: „Ich bin ein...“ – und nun folgen die verschiedensten Nationalitäten, Sprachen und Überzeugungen. Wo wäre da nun der hinterste Winkel, in dem ein Ich lebt, für das wir hier der hinterste Winkel auf dieser Erde sind – oder gibt es da noch mehr Winkel, in denen sich ein noch unsichtbares Ich verkrümelt haben könnte?

Namenlose, nicht inhaltlose Entfaltungen von Gedanken, die sich über und in uns Menschen ergießen, sich in uns einnisten möchten, gibt es sie, gibt es sie nicht? Auch die der bewussten „Gott-losig-keit“. Gedanken des Stolzes, des Neides, des Selbstmitleids – die Probleme einer C I, der charakterlichen Intelligenz – wann tauchen sie auf, für eine persönliche Anteilnahme an den Problemen, die auf und um diese Erde abgelaufen sind, gerade geschehen oder noch auf dem Weg vor uns liegen?

Schnell- und Blitzdenker gibt es auch, reichlich, die dann keine Zeit mehr haben, sich von der Richtigkeit ihrer Gedanken zu überzeugen. Gezogene Schlüsse sind äußerst gefährlich, mitunter peinlich, wenn sie sich auf Gedanken beziehen, die ein anderer „gehabt haben könnte“. Dem Ich, doch auch dem Wir, werden da sehr ernste Probleme begegnen.

Dem Recht auf Leben dürfte stehenden Fußes auch die Pflicht folgen, sich von der Richtigkeit seiner Gedanken zu überzeugen. Sonst wäre es ein sinnlos grausames Spiel, das Leben. Für wen, durch was?

Sich von der Richtigkeit seiner Gedanken zu überzeugen, wie geht das? Ein Gott bin ich nicht, aber ein Mensch, ein Ich. Wer wollte, dass ich denke? D e n k t d a s I c h r i c h t i g?
Sich die Anerkennung von Menschen holen oder sie sich selbst geben, nein, danke. Wie einem Gott begegnen – und – ist er einer? Jener, der Brot aus Steinen „provozieren wollte", will der einer sein? „Anbeten" – Wen? – hilft das dem, der da am Rand seiner Möglichkeiten an Krücken durch sein Hiersein tappt?

Jener Gott, doch auch jener Mensch, der persönlich Anteil nimmt, am Jetzt, am hier und dort auf dieser Erde, Jener, der mich „am Leben" lässt und erhält – er möge uns begegnen – nicht nur mit Worten. Danke, dass erst die Not genauer lehrt auf Worte zu achten, die hinterlassen was sie sagen – und warum (noch) nicht: „Bittet so wird euch gegeben" – „Oh komm du Geist der Wahrheit" – zu welchem Zweck? „Ihr werdet Tote ins Leben zurückholen"? – wie da nun um einen Baum graben bis er Früchte bringt. Halbflaches Herumgegrabe reicht da sicherlich nicht aus – oder nur ein bisschen gießen – mit was...

Was erwartet nun so ein Ich, so ein Gott von sich? Umgibt er sich mit einer unverständlichen Weisheit? Wie geht er mit der Unwissenheit, mit Halbwahrheiten, mit einem Mörder und Lügnern um? Barmherzig, geduldig, zornig, rachsüchtig, zerschmetternd – oder „beispielhaft"?

Wie werden wir Menschen nun lernen Gedanken hinterherzugehen? Wer erwartet nicht einiges in ihnen und hinter ihnen „zu finden"? Gedachtes und Geglaubtes fließen sehr schnell ineinander. Gedachtes jedoch ist nichts Erfundenes, es ist etwas Gefundenes, für das Ich extra auf den Weg gelegt. Von wem? Etwa von einem Geist, von einem Ich, das uns besser kennt, als wir uns selbst – oder von Jenem, der so ganz nebenbei, uns wieder mal verführen möchte?

Wenn da ein Gott ist, und da ist der Eine, dann wird er ganz sicher nicht wegsehen, sondern sehr genau hinein, in die Welt der Selbstverständnisse und in die Gedanken Jener, die den Horizont der Selbstverständnisse nicht mehr als den letzten akzeptieren. Und auch Er denkt. Wer da mit Seinen Augen begehrt zu sehen, wird auch Seinen Gedanken begegnen, die sich sehr konkret um jedes Ich drehen, ohne Ausnahme – sonst wäre er kein Gott.

Die Geschichte dieser Erde anders herum zu sehen und zu lesen, mit Seinen Augen – das ist ein Erlebnis für den, der diesen Weg finden durfte. Eine Welt, die ihn unbewusst fast komplett ablehnt, als Lehrer und Heiler, von seinem Sohn aber als solchen redet – das geschieht im Heute. Doch auch schon zu jener Zeit waren die Selbstverständnisse weit über den Himmel hinausgewachsen, trotz der Mahnungen eines Henoch.

„Außerirdisches", aber nicht unbekanntes Gedankengut, hatte seine Wirkungen hinterlassen: „Und ihr werdet sein wie Gott und wissen, was gut und böse ist." In was für Vorstellungen wurden Menschen zu allen Zeiten hinein verführt – waren sie vorher blind, uninformiert, unwissend, ungewarnt – so wie wir das von noch „dummen Steinzeitmenschen" vermuten?

Der Große Konflikt zwischen Licht und Finsternis, zwischen Gut und Böse – er war ihnen nicht unbekannt, den ersten Menschen. Siebzig Jahre lang – dann kamen die „Gedanken"...

„Starke Männer" – von „starken Frauen" bevorzugt – setz(t)en eine Generation nach der anderen in die Welt, die in der Erschlagung eines Abel höchstens die Entfernung eines störenden „Auserwählten" sahen. Seine „Bevorzugung" hatte nicht nur Neid und Hass ausgelöst. Nur noch der Bedächtigkeit und unbeirrbaren Beständigkeit eines Noah ist es zu verdanken, dass wir im Heute, nach der Großen Flut, auf einem gerade noch, doch nicht mehr überall, bewohnbaren Planet leben, denken und „glauben" dürfen – können? Ein Planet, den unsere Selbstverständnisse schon wieder einmal am Auseinandernehmen und am Zumüllen sind, weil wir weder den Mund eines Gottes befragen noch auf Antworten reagieren würden, außer: „Denn es steht da doch so geschrieben" – und „sollte das denn so gemeint sein"?

Wie lange werden sich Selbstverständnisse noch um die Richtigkeit ihrer Gedanken streiten? Mit welchen Gedanken und Erwartungen wird Jener leben müssen, der da mehr sein wollte als nur Gut und Böse, um dann der Aller-Allerhöchste zu sein? Unübersehbar ist dann Jener, der die Selbstverständnisse dieser Zeitlichkeit in seine Verantwortung übernahm: „Vater, bitte, vergib ihnen, denn sie wissen nicht, was sie tun“ – im Heute immer noch nicht?

Und dann sind da noch die Gedanken, vor denen unser „Ich will...“ steht. Unbewusst bis sehr bewusst. An wessen Gedanken lässt sich so ein Ich erinnern? Wer hat da schon einmal hineingeschaut, in diese großartigen, einmaligen und wunderbaren Gedanken Gottes, in die Seines Sohnes, die sich deckungsgleich um uns Menschen drehen, und in die von jenem Geist, der uns bedächtig und klug Einsichten vermitteln möchte. Durch seine Augen in diese Welt hineinschauen – erschrocken wird es sein, das Ich, über die vielen Selbstverständnisse, die für ihre „derzeitigen“ Überzeugungen bereit sind „grundlegendes“ zu vergessen und zu übersehen: Da ist ein Abraham, ein Moses, ein einmaliger und ungewöhnlicher Exodus eines Volkes, das sich in seine Selbstverständnisse verliebt – und immer wieder verlaufen hat(te)...

Doch auch da ist ein kluger und weiser Geist, der sie zur rechten Zeit an den Sinn einer „Bundeslade“ und an einen wiederkommenden Mensch und Gott erinnern wird. Wer wird hier, auf dieser Erde, eine Wiederkehr dieses gekreuzigten Menschen erwarten? Was hat er hier für einen Glauben hinterlassen, auf dem Planet der Selbstverständnisse? Seinen! Mit wessen Selbstverständnissen wird er sich weiter beißen? Wer erwartet, dass das „friedlich“ enden wird? Seine Gedanken und Worte beschrieben sehr realistische Bilder, die gerade im Heute ablaufen. Wer nun glaubt, es könne hier nur noch besser werden – oder dass es nicht schlimmer kommen kann – unsere Erwartungen und Wünsche lassen sich aus seinen Worten nicht herauslesen...

Es ist das stille in Gedanken um Einsicht, Verstand und Weisheit Bitten, auf das dieser großartige, einmalige und wunderbare Gott sehr genau achtet. Er ist es, der sich finden lässt, von den auf Richtigkeit Bedachten, nicht von denen, die ihre Sicht, ihre „Tradition“ vertreten.

Dann sind da noch Beschreibungen von freien Wohnungen in seines Vaters Haus. Für eine Einkehr nach einer Abholung auf Seine Art und Weise. Sie wird notwendig sein, wenn die Erde sich bis an den Rand der Selbstzerstörung „zerglaubt“ hat. Wer wird es sein, der auch das ignoriert? Was denken sich Jene, die uns verständlich machen wollen, dass sie in der Lage sind, uns von dieser Erde in großen Raumschiffen abholen zu können. Bloß wohin? Was ist das für eine „Philosophie“, die zu den auf Richtigkeit Bedachten nicht nur etwas fremdelnd hinüberschaut?

Wer erwartet, wer erwartet nicht, dass da etwas geschieht? Heute – oder lieber doch nicht ganz so schnell? Wann wird die Wirklichkeit sich mit Gesagtem, mit Geschriebenem und den Erwartungen Vieler die Hände reichen? Auch für die Augen von jedem Ich, das den Horizont der Selbstverständnisse zu „überwinden“ verstand: Das nur durch ihn Hindurchschauen wird nicht ausreichend gewesen sein – erst das selbst Weitergehen.

Sind Erwartungen von Selbstverständnissen ein Glücksspiel oder ein sich gewünschtes Schicksal? Sie enttäuschen allerdings Jene, die ihren Erwartungen, ihren Selbstverständnissen geglaubt haben: Der Glaube allein reicht nicht aus!

Bitten, Antworten, Verheißungen, realen Zusagen vertrauen und sie erwarten – eine nicht unbekannte Prüfung aus der Weltgeschichte. Und dann sind da noch die Gedanken und Worte Jener, die uns auf dem Weg durch die Zeitlichkeit begleiten sollten – und begleitet haben. Aufdringlich nicht, aber behütend, kluge Engel und ein ebenso kluger Geist, der uns Menschen rechtzeitig „erinnern“ wird.

**Kein Mensch ist selbstverständlich, denn er ist eine Absicht von dem, der nicht nur den Körper wollte.**

**Der größte Fehler, der einem Ich geschehen kann, ist, sich selbst wichtig zu nehmen, ohne es zu sein. Doch welcher Mensch ist nun „nicht wichtig“?**

## 17. Die Eitelkeit des „WIR“

Was weiß der „natürlich“ geborene Mensch am Beginn seines Hierseins über Einsicht, Verstand und Weisheit? Er wurde in ein Wir hineingeboren, das ihn geformt hat. Welches Wir war zuerst da? Welches das zweite, das dritte und so weiter?

Neu sind die „Spannungen“ zwischen diesem und jenem „Wir“, diesen und jenen „Selbstverständnissen“ nicht. In vielen Bündeln lassen sich Menschen sammeln, die zwar von Freiheit reden, aber ihr Selbstverständnis noch nicht als unvollkommen, unrichtig und unzureichend entdeckt haben. Das noch nicht bis zum Ende durchdenken Können – ist das dem Ich noch nicht gegeben worden? Für das Gelehrte und Geglaubte nicht verantwortlich sein zu wollen oder sich seinem Selbstverständnis entsprechend verantwortlich zu fühlen, ist nicht unbekannt. „Denn es steht da ja so geschrieben“ – von wem, wo, in welchen (Gesetzes-) Büchern und mit was für einem Selbstverständnis werden sie gelesen?

„Wir“, in der „globalen Geschäftswelt“, schreiben im Heute den x-ten Tag nach der Geburt eines Menschen, der die Erde bisher bewegt hat wie kein Zweiter. Der die Erde im Jetzt bewegt und die Erde in der Zukunft bewegen wird. Doch wie wird jedes Ich und jedes „Wir“ auf „Außerirdische“, auf Machtansprüche oder -vorschläge fremder Intelligenzen reagieren?

Ein „Wir“, das den Hintergrund dieser Weltgeschichte nicht sucht, nicht wahrhaben oder nicht akzeptieren will: Wo, wie, an wem und an was wird es sich orientieren wollen, müssen, und können? Den Vorderen hinterher, aber welchen der Vorderen? Wie agiert ein Ich, ein Wir, das alleingelassen wurde – oder für sich allein – „autonom“ – sein „möchte“?

Für wen ist der Mensch Jesus Christus ein Außerirdischer, für wen sind „Sternengeschwister“ „Außerirdische“? Sind es Engel? Was ist „außerirdisch“ und was ist „innerirdisch“? Selbstverständnisse in die Waagschale legen, während in der anderen Schale Einsicht, Verstand und Weisheit liegen: Werden die Zungen je auf gleicher Höhe sein? Aufgewachsen in einem Wir, doch wie und wo wird sich ein Ich in diesem oder jenem Wir fühlen – geborgen – und nicht nur wie selbstverständlich „mit eingebuttert“?

Warum ist das so und nicht anders. Was ist „richtig“. Wer wünscht sich nicht ein klug fragendes Kind, ein zuhörendes und kein dummes. Welches Wir, welches Ich, ist nicht mit hineingewachsen in die große Wir-Familie der Völker, in das Jetzt dieser Weltgeschichte. Das Wir, und in ihm das Ich, wird sich nicht erst ab heute weiter entfalten wollen, sollen und dürfen, wenn es das kann. Was daraus alles werden wird? Das Bilderbuch der Gegenwart ist fast unüberschaubar geworden.

Wem wird das Ich nun gleich sein mögen, an wem sich ein Beispiel nehmen wollen? An einem „Außerirdischen“? An welchem Maßstab wird auch der sich messen lassen müssen? Mit unserem Selbstverständnis oder an seinem Selbstverständnis? Dem Selbstzeugnis von dem, der ihm das Leben gab – oder tauchen da die ersten Beeindruckungsversuche durch demonstrativ vorgetragene Fähigkeiten auf? Teleportation, Telepathie, Telekinese, Telesupervision?

Was für ein Ich sitzt da in so einem „UFO“ am Steuer? Was für ein „Wir“ präsentiert oder versteckt sich dahinter? Die Worte „Außerirdisch“, „Einbildung“, „Halluzination“, „Magnetismus“, „Spiritismus“, „Spinnerei“ – hüpfen sie „uns“ zu schnell, unbedacht – oder blind von den Lippen? Aus was für einem Selbstverständnis, „nicht ganz klug“, wie „selbstverständlich“ – „stammen“ sie?

Auf dieser Erde und im Universum gleicht kein Ich einem anderem Ich und kein Wir dem anderen Wir. Deshalb stellt sich die Frage fast von allein: Was sollte „gleich“ sein? Da bleiben nur noch die Gesinnung und das Gewissen, doch wem sind sie dann – sollten sie gleich sein? Welches Ich, welches Wir wird da bewusst „gut“ sein, doch auch bewusst „böse“ bleiben wollen?

„Ein Jeglicher sei gesinnt wie Jener, der nur dreieinhalb Jahre lehren und leben durfte.“ Nach seiner Anerkennung? „Seid vollkommen, gleich wie euer Vater im Himmel vollkommen ist.“ Wer wird das tatsächlich sein wollen und können, und wie? „Was heißest du mich gut? Gott allein ist gut.“ Sind das Worte, gegen die sich nur ein Selbstverständnis wehrt? Wenn da nun ein Ich oder ein Wir auf sich stolz sein möchte, auf sich allein, für sich allein – auch für „sein Wir“ – dann wächst der Neid, der Ehrgeiz, die Eifersucht, das „besser, weiser, klüger, reicher, größer, schneller oder auch schlauer und genauer sein wollen“ – ist das unbekannt? Das, was bisher auf dieser Erde abgelaufen ist, wird – bis wann –

immer wieder von vorne losgehen – bis wann? Woher kommt der Stolz? Ist er eine Eigenschaft der Götter? War, ist oder wird er je stolz sein, der eine Gott oder sein Sohn oder jener Geist, der den auf Richtigkeit Bedachten durch die Gegenwart trägt?

Auch das unbewusst oder bescheiden stolz sein wollen – nicht unbekannt. Es gleicht einem Kind, das auf seine „berühmten" Eltern stolz sein könnte, wenn es von den Eltern nicht darauf aufmerksam gemacht werden würde, dass Stolz keine gute, keine göttliche Charaktereigenschaft ist. Bekannt dürfte sein, dass der Neid und der Stolz sich nicht aufrichtig in die Augen schauen können. Warum wohl?

Ein Ich, ein Wir oder auch ein Volk, das stolz auf seine Geschichte ist, wird seine Fehler wahrscheinlich, so ganz nebenbei, irgendwann vergessen haben wollen. Wenn ein Volk stolz darauf sein sollte, mitten durch ein Meer gegangen zu sein – wird es sich dann gern daran erinnern lassen, wie oft es sich nach einer geregelten, gewohnten, bequemen, wenn auch totalen Unfreiheit – „in Ägypten" – zurückgesehnt hat?

Gedanken und Erwartungen haben jedes Ich, jedes Wir, jedes Volk und jedes Selbstverständnis auf die große Reise geschickt. Sind da nun Fäden an unseren Füßen, an unseren Händen, an unseren Augen, an unseren Ohren, an unserer Nase oder an unserer Zunge? Sind wir etwa Marionetten? Das NEIN wird unüberhörbar sein, dennoch haben wir uns mehr oder weniger selbst „eingehängt", in unsere Selbstverständnisse. Und dann sind da Jene, die auf dieser Erde nicht gefragt wurden, ob sie in dieses oder jenes Selbstverständnis hinein geboren werden wollten, aber „gut gemeint und vorsorglich“ „eingehängt wurden“, „ganz normal“, wie „selbstverständlich“.

Ein Selbstverständnis ohne Gedanken – geht nicht. Das Ich lebt noch im Käfig Selbstverständnis – Gott sagt: Nicht frei.

Ein Verstand ohne Gedanken? Geht auch nicht. Der Seinige ist frei, nachvollziehbar, überprüfbar und unwiderlegbar. Wenn er das nicht wäre würde er etwas verbergen wollen. Über den Horizont der Selbstverständnisse hinaus gesehen sind Erwartungen sehr unterschiedlich, für Verständige und „Hinein- und Hindurchsehende“ nicht – und – sie beeinflussen sofort den Charakter – die C I.

Einsicht, Verstand und Weisheit, erbeten oder auch gefunden, durch den Geist der Wahrheit „bestätigt“ – sie gehören zusammen. Und nur zusammen entdecken sie die Käfige der „Selbstverständnisse“, in denen leider auch Menschen umgebracht, erschossen, vergast, gekreuzigt oder unbewusst bis bewusst entmündigt wurden. Wem fällt das heute noch auf? In und mit was für Selbstverständnissen die Völker auf diesem Planet „Erde“ im Heute leben: Sie stellen sich dar, die Eitelkeiten ihrer Geschichte, auch die ihrer Dichter, Denker und Lenker, ihrer Sportler, ihrer Genies, ihrer Musiker, ihrer Politiker und ihrer Philosophen.

Auch Völker denken. Götter, die sie wollten, bekamen ihren Raum. Inder, Dänen, Chinesen,

Türken, Bulgaren, Iren, Letten, Jakuten, Peruaner, Deutsche, Engländer, Franzosen, Amerikaner, Russen, von A bis Z ist alles vertreten. Woher all die Eitelkeiten die sie werden ließen?

Mensch Erich Fromm schrieb von einer unbewusst schleichenden geistigen Schizophrenie: „Wer glaubt nicht, als Wir, als Volk, als Ich, auf dem allein richtigen Weg zu sein?“

Sich erbarmen. Wer, über was und wen, wie? Ein Aller-Allerhöchster sieht wie aus? Hat er einen Namen? Wo kommt er her? Was denkt er? Was hat er für einen Charakter? Wie geht er mit seinen Feinden um? Hat er Freunde oder einen Sohn? Ist er unwandelbar? Muss er „etwas Neues“ schaffen, weil „das Alte“ nicht gut genug geplant war? Wem gibt er die Möglichkeit, sich in das Sinnen seines Geistes hineinzudenken? Ist in seinem Wir ein Ich, ist in seinem Ich ein Wir? Der Mensch Abraham wollte und bekam Einsichten, von denen Menschen noch im Heute zehren. Woher, sag Mensch, all die Eitelkeiten?

## 18. Der Irrtum

Etwas zu glauben, was nicht der Wirklichkeit entspricht, ist der größte Irrtum, in den sich ein Ich verlaufen kann. Doch genau das wird das Ich heilen – oder umbringen. Klug – und logisch – das da Erdachte.

„Prüfe – und das Gute behalte." Wie ist das „Prüfen" möglich? Wann wird ein in die Unwissenheit hineingeborenes Ich verstehen können, was da weise ist und klug – und was „das Gute" ist und „das Böse". Ein Ich, das seinem Wissen, seinem Selbstverständnis glaubt, wem traut es unbewusst – sich selbst. Wem wird sich ein Ich (an)vertrauen können – wollen? „Das Gute" wird ohne einen Namen kein Maßstab sein.

Was ist ein Irrtum und was ist kein Irrtum? Wenn ein Ich einem Wir hinterherstiefelt, dem, der da vorne gerade „Führer" spielt – wer kommt da schon auf die Idee, das Gedachte, das Gesagte, das Geglaubte, das Gesehene und das Gewagte zu hinterfragen. Das ist mitunter lebensgefährlich, nicht gerade einheitsfördernd. (Adolf Hitler 1923, Gruppe Wagner, Moskau bis Juni 2023– Ground Zero – 11. September – New York – usw.)

War Berlin 1945 das Ende eines Irrtums, eines Wahnsinnes oder auch nur einer von vielen? Da betritt ein Staatsbürger die Botschaft seines Landes im Ausland und wird danach nicht mehr gesehen. Auch er war ein Bürger auf dem Planet der Selbstverständnisse, der daran glaubte, wenn auch mit einigen Zweifeln, die Botschaft seines Landes lebend verlassen zu können. Es war ein nicht nur „lehrreicher“, es war ein tragisch-tödlicher Irrtum.

Da setzt sich ein Mensch ins Flugzeug, hat den Flug vorher „bezahlt“. Für was genau hat er „bezahlt“? Den Flug, einschließlich Personal-, Gebäude-, Start- und Landebahnen-, Luftraumgebühren – und neuestes, modernstes Fluggerät, wenn auch noch nicht so ganz sicher gegen neben der Maschine explodierende Raketen oder andere elektronische Turbulenzen. Je mehr Passagiere desto rentabler, je mehr Flugzeuge desto mehr Sauerstoffverbrauch. Eine Sauerstoffvergiftung durch Sauerstoffumbau stört die Balance zwischen Gewinn und Schaden. Wer „bezahlt“ das?

Könnte es ein tragisch-tödlicher Irrtum sein, in den wir Menschen – in Unkenntnis über nicht vollkommene Selbstverständnisse – in eine Sackgasse hineinmarschiert w o r d e n sind? Sich ein Kraftfahrzeug kaufen, schon legt sich ein Ich (stolz) eine Sauerstofffressende und seine Umwelt ausplündernde Technologie zu. Mobil sein wollen, auch telefonisch, wird von beinahe jedem Erdenbürger in Anspruch genommen, wenn es geht auch „kostenlos“. Die Sache hat aber einen unbezahlbaren, riesengroßen und deshalb unsichtbaren Haken: Sie ist nicht nur teuer, sie kostet unsere Welt, unsere Freiheit und unseren Verstand. Nicht nur der Ozonanteil in der Luft wächst und wächst.

Jedem Ich (s)ein Selbstverständnis – das ist es, was zurzeit auf dieser Erde abläuft – und Folgen hinterlässt. Wäre das die Freiheit, die uns „das Schicksal“ zugeteilt hat oder ist auch das nur ein gewollter Irrtum? So wie wir uns das dachten, mit unseren „technologischen Fortschritten“, mit einer „Philosophie“, der wir noch Glauben schenken – warum wird es ignoriert, sich geirrt haben zu können? Denken wir schon fest einbetoniert? Da ist er – der (unbewusste) Glaube, dass Wir uns nicht irren, sondern nur die Anderen. Ihr nicht, wir denken „richtig“, nein, Wir – nein, Wir – nein, Wir. Und das Karussell dreht sich und dreht sich. Was oder wer wird es sein, der es antreibt und bis wann?

Was Wir glauben – und was wir nicht glauben? Wir sind hier die wirtschaftlich Stärksten. Wir sind die Mehrheit. Wir sind eine anerkannte Minderheit. Wir sind „die Saubersten“. Mit welchen Folgen laufen sie ab, all diese (Selbst-)Behauptungen? Wann und von wem bekommen wir die Rechnung präsentiert, für all die Irrtümer, die „geflissentlich“ und wie „selbstverständlich“ übersehen wurden?

Was ist das für ein Denken, das sich da unbewusst „verkrümelt“ hinter jenem allzu bekannten Spruch: „Nach uns die Sintflut“. Wir leben im Jetzt. Was willst du als Einzelner dagegen tun? Du störst!

Welch grässlicher Irrtum es ist, sich auf Kosten anderer, auf Kosten der Umwelt, auf Kosten der kommenden Generationen zu bereichern, zu begünstigen, zu bedienen, zu befrieden, zu befriedigen.

Welch grässlicher Irrtum, nicht wissen zu wollen, wozu er dienen sollte, der Planet, der nicht von uns Menschen „die Erde“ genannt wurde. Wozu sollte er eigentlich nun wirklich dienen?

Sollte die Antwort auf diese Frage verbindlich sein, dann hat nicht nur das Ich eine sehr interessante Verantwortung „an der Backe“. Irren sei menschlich, das ist absolut richtig. Muss er sich irren, will er sich irren, Jener, der sich durch sein Heute lebt und glaubt – seinem Selbstverständnis entsprechend?

Der erste Irrtum begann mit einigen Gedanken: „Es kann doch nicht sein dass es schaden könnte, sich den „Baum der Erkenntnis des Guten und Bösen“ etwas näher und etwas genauer anzuschauen. Es kann doch nicht schaden zuzuhören, was da so ein kleines niedliches Tierchen in ihm dazu zu sagen hat. Es kann doch nicht schaden nur eine von diesen reifen Früchten zu essen, die der „Allerhöchste“ hat wachsen lassen – und dennoch geboten hat davon nicht zu essen – mit der Erklärung warum! Und nun schau, ich bin nicht umgefallen oder davon gestorben, ganz im Gegenteil, ich fühle mich frei, es noch mal zu tun oder auch nicht“. Ein sehr kluges Geschöpf wollte noch klüger sein – oder war Eva etwa dumm?

Graue Haare – schon nach Jahrhunderten, im Heute schon nach Jahrzehnten – geben da ein anderes Zeugnis: Ein Mensch, der Körper alt geworden, die Haare weiß, die Knochen müde und hart. Die Köperzellen werden nicht mehr erneuert, es gibt keinen Zugang mehr zu jenen Früchten, die zwölfmal im Jahr am Baum des Lebens zur Verfügung standen, um den Körper, den

Stoffwechsel und die Zellerneuerung ewig am Leben zu erhalten.
Wem ist da nun ein Irrtum unterlaufen? Was war der Irrtum? Was ist ein Irrtum? Was ist da kein Irrtum? Wenn da ein Irrtum ist, dann ist da auch „die Wahrheit“. So wie wir im Heute leben werden wir sterben. Ist das „die Wahrheit“, ist das ein Irrtum oder noch viel schlimmer, die Folge eines bewusst provozierten Irrtums, der nicht nötig gewesen wäre?

Ab wann der „Planet der Selbstverständnisse?“ Er wurde gezielt und bewusst „bevölkert“. Der „Außerirdische“, der „Allerhöchste“, der Töpfer, sein Sohn, „durch welchen er auch die Welt gemacht hat“, Henoch, die „Große Flut“, die Schriften der Väter, Noah, ein Abraham, ein Mose, ein Volk, ein Exodus – alles ein „Großer Irrtum“? Wie den Irrtum entdecken, wie die Folgen lindern, mit was für einer Hoffnung sterben? Was ist warum und wie „normal und selbstverständlich“ geworden? Wer hat dieses und jenes dem Selbstverständnis „hinzugefügt“, als wenn es zu dieser Art zu leben „dazu gehört“, auch wenn es sogar ein bewusster Irrtum wäre? Welchen „Irrtümern“ sind die verschiedensten Weltanschauungen und „Wahrnehmungen“ „aufgesessen“? Mit Sicherheit aber den eigenen, geglaubten Selbstverständnissen.

Wie diese „Wahrnehmungen“ nennen? Wahrheit oder Irrtum? Bewusstes, doch auch unbewusstes Unwissen und Irrtümer reichen sich bekanntlich nicht nur die Hände, und das nicht ohne Folgen. Blinde Blindenführer, „Weise“, die ihrem Selbstverständnis glauben, „Außerirdische“, die versuchen, sich Anhänger zu rekrutieren. Alles wird möglich sein, auf dem Planet „Erde“. Doch es wird auch ein Sich-nicht-mehr-irren-wollen geben, bei Jenen, die „auf Richtigkeit bedacht“, sich an ihren Irrtum, an Ihr Selbstverständnis, herangewagt haben.

Mit Sicherheit hat sich der Mensch Jesus Christus nicht geirrt. Was er da durch sein Leben, durch seine Fragen, Worte und Handlungen und durch sein Sterben in die Weltgeschichte „hineingebaut“ hat? Einen einfachen, schlichten Weg. Schmal, erkennbar, verständlich und erreichbar, ohne Stolz aus dem Irrtum, den Selbstverständnissen, aus der fast zu einem Fremdwort gewordenen „Sünde“ heraus gekommen zu sein.

Belächelt, ignoriert und gehasst, von Jenen, die einen „breiten, bequemen, vorgedachten Weg anbieten: Den mit vielen Selbstverständnissen über Kunst und Kultur, Weltanschauungen und Religionen, ein Weg der über die „Allianz“ aller Selbstverständnisse in den letzten großen Irrtum führen wird. Unter der Führung eines sich nicht nur selbst so nennenden Aller-Allerhöchsten. Dieser „Allerhöchste Aller“ mit seinen „Sternengeschwistern“, die sich auch uns als solche vorstellen, begehren die Menschen auf dem Planet der Glaubenden zu führen. In die Zeit eines „Spätregens“ mit vielen Zeichen und Wundern. Ein unvergleichbar echter Spätregen, ein „Todeserlass“ und eine Wiederkehr werden den bewusst gewollten „Großen Konflikt“ auf dieser Erde erst einmal beenden.

## 19. Wer und was regiert die Welt?

Es ist ein „zusammengewürfeltes“ Selbstverständnis, ein „eigener“ individueller Glaube an eine der vielen Weltanschauungen, Philosophien, Regierungsformen und Religionen. Der Gott „Geld“ und der Gott der Waffen – zur „individuellen Sicherheit“ – sie regieren – oder etwa nicht? Haben sie nicht alle nur erdenkbarer Bereiche unterwandert, um ihre Macht erfolgreich auszudehnen? Selbst wenn der Gott Geld freiwillig oder auch zwangsweise abgeschafft wird, die „digitale Erfassung“ jedes Erdenbürgers läuft auf Hochtouren und hat ein Ziel: Das Herausfischen von nicht anpassbaren, nicht maschinenlesbar sein wollenden Bürgern.

Was für eine Art von „Regierung“ kommt da auf uns zu? Was und wer hat sich da – recht unterschiedlich, in die verschiedensten ‚Wir-Zusammenschlüsse‘ hinein personifiziert? Und wer sind Jene, die nur mit einem Wir-konformen Ich eine eigene Vorstellung, eine „Neue kosmische Weltordnung“ eingesetzt sehen möchten? Was und wer beeinflusst uns da „innerirdisch“, was und wer beeinflusst uns „außerirdisch“, was und wer „will die Macht haben“, auch über das letzte Ich? Auf welche Weise sonst sich ein willig unterordnendes Ich „heran(er)ziehen“?

Ein auf Freiwilligkeit und Einsicht bedachter Gott kann das nicht sein. Götter von heute werden sich nicht nur wie üblich streiten, mitunter nicht gewaltlos, nicht machtlos, nicht geistlos, nicht blutlos, und nicht argumentlos. Eine „wünschenswerte“ Zukunft – KI-kontrolliert – ist das wahrhaftig nicht.

Die Selbstverständnisse all der Menschen, die da nun glauben sollen oder müssen, werden sie der Mehrheit folgen wollen? Werden sie als Minderheit ihren eigenen Vorstellungen den Vorzug geben?

Was für ein Ich wird sich von einem regieren wollenden Wir gewünscht? Ein bescheidenes, ein nicht hinterfragendes, ein mitarbeitendes, ein mitjubelndes, ein mitglaubendes, ein mitbezahlendes, ein mittragendes?

Was für ein Wir wird von einem Ich „bevorzugt“? Welches WIR wird ignoriert oder belächelt, welches Wir lässt sich nicht einfach wegdenken? Welches Wir „verliert“, welches wird „siegen“? Gerechtigkeit – was ist das? Wer wird sie suchen gehen, ohne geballte Faust und ohne Pistole in der Tasche?

Vorstellungen und Selbstverständnisse haben – und werden die Bevölkerung dieser Erde weiter zerreißen, jedoch nicht ohne Ankündigung und Erklärung. Wie sonst wäre die Einsicht in die Unvollkommenheit der Selbstverständnisse möglich? Selbst wenn sich M I und K I in einem Wir vereinigen würden – es würde nur bei einem Versuch bleiben können. Erst nach einem Scheitern um mehr Einsicht, um mehr Verstand und um mehr Weisheit bitten? – das wird nicht ohne Probleme vor sich gehen können:

Weisheit ohne Wahrheit lässt nur in das nächste Wir-Selbstverständnis hineinlaufen. Doch dadurch wird – endlich – eine sehr wichtige Einsicht verständlich und durch-denk-barer: So wie es bisher auf der Erde abläuft, wird es nicht weitergehen können. Dem, der in der Lage ist, sein Selbstverständnis „nackt" zu sehen und der sich wagt, über den Horizont der Selbstverständnisse hinauszuschauen, bleibt es wie jedem Ich selbst überlassen, nicht nur rückwärts- oder vorwärts zu denken. Jener, der uns Menschen hier auf dieser Erde wollte, wird jedem Ich die Möglichkeit gegeben haben, in den Sinn der Dinge hineinzusehen – und dass die Gedanken mehr sind als nur „Zugvögel".

Die Welt auf dem Planet der Glaubenden wird momentan von zerrissenen Selbstverständnissen, auch über die „Demokratie", oder nur mit dem Deckmantel von Mehrheiten „regiert"? Menschen, die von ihrem Auftrag, von ihrer Macht, „beflügelt" sind, die auch von ihrem Ich, ihrem Wir, „begeistert" und von ihrem Glauben überzeugt sind – wie und wohin werden sie das „Groß-Raum-schiff Erde" steuern wollen?

Und dann sind da noch der „Nationalstolz", die „Kulturgeschichte", die „Traditionen" und die verschiedensten Religionen, deren Götter halbherzig, phantastisch bis fanatisch beflügeln. Wer träumt da von einem friedlichen Wettstreit, von einem friedlichen Nebeneinander, ohne Blut und ohne Gewalt?

Das wird nicht ohne Regeln gehen. Doch welche und wessen? Was für Absichten stehen hinter diesen immer brutaler ausgetragenen „Auseinander- und Zusammensetzungen“, die dann doch nur wieder – und noch weiter – auseinanderdriften. Warum?

Bitte nie vergessen: Hinter jeder Absicht stehen ein Wir und ein Ich. Ein „Gutes“, ein „Böses“? Was sind nicht „gute“ Absichten? Wer ist das Wir, wer ist das Ich, das da nun auch noch die Welt „aus dem Kosmos heraus“ regieren will? Wird das ohne Gewalt und „Neue Gesetze“ zu schaffen sein? Da ist ein Ich, das sich damit brüstet, dass es auch ihm gegeben sei, Herzöge und Führer, Kaiser und Könige, Präsidenten und „Vorsitzende“ „einzusetzen“, mit den Argumenten „Das Volk hat das so gewollt“ und „Das Volk ist dumm, es muss mit straffer Hand regiert werden“. Was wollen und sollen da noch Mehr- und Minderheiten „entscheiden“ – oder werden sie missbraucht? Von wem und zu welchem Zweck?

Und dann stellt sich da noch ein Ich hin und zeigt auf „das Volk“: „Schau doch, nicht Ich, sondern die da haben das selbst so gewollt. Was und wer hat sie dazu „angestiftet“, ein „freies“ Selbstverständnis? (1. Buch des Sehers Samuel, Kapitel 8)

Selbstverständnisse klammern sich an das Ich und an das Wir – und umgekehrt – wie an einen Strohhalm? Wer lässt – oder wer hält „das Volk“ immer noch in Unwissenheit und in den Käfigen der Selbstverständnisse fest? (Faltblatt „Von Ewigkeit zu Ewigkeit“)

Die Unwissenheit über den Sinn der Zeit- und Weltgeschichte hat ihr „Gutes“. Ein auf Richtig-

keit bedachtes Ich „hat noch etwas Zeit", wird auf die Suche gehen und „fündig" werden, bei der Suche nach Menschen, die durch den Tunnel der Unwissenheit hindurch als Glaubende und Gott Trauende gegangen sind – und zu Sehenden geworden sind. Da ist nicht nur Jener, der seiner Aussagen, seines Glaubens und seines Lebenswillens wegen gekreuzigt wurde. Und dann ist da noch eine „Formel", die Nachsinnenden mehr Einblicke in Hintergründe abnötigen wird:
„Wer als Gott den Tod auch nur eines Menschen zulässt, obwohl er die Möglichkeit gehabt hätte, ihn zu verhindern, der sei genauso schuldig wie der Mörder." Ist das so – oder steckt da doch noch etwas mehr dahinter? Wie ging der Ewige mit Kain um, der seinen Bruder Abel erschlug? Der Ewige handelt heute nicht so und morgen anders, menschlichen Selbstverständnissen entsprechend. (1. Buch Mose, Kapitel 5, 4-16)

Viele Gedanken haben sich nicht nur während der Weltgeschichte um einen Punkt gedreht: Tötet dieser eine Gott oder tötet er nicht? Nur eine logisch nachvollziehbare „Demonstration" wird Gedanken, Einsicht in seinen Verstand, in die Logik und in die Weisheit dieses einen Gottes „offenbaren": Hier auf dieser Erde. Die Unwissenheit über den Charakter dieses einen Gottes hat eine trennende Funktion (einem zweischneidigen Schwert gleich): Ein auf Richtigkeit bedachtes Ich wird suchen und finden.

Zwischen dem ersten Mord, auf den ersten Seiten des größten Laptops aller Zeiten, und den letzten Morden, auf den letzten Seiten, liegen viele Tötungen, auch die vor knapp zweitausend Jahren zugelassene, geplante Kreuzigung. Eine prüfende und provozierende: „Bist du Jener, der du glaubst zu sein, dann steig herab vom Kreuz, dann glauben wir dir.“ Ein nicht unbekannter Ausspruch, entschuldigt durch die für diese Welt je wichtigsten Worte „Vater, vergib ihnen, denn sie wissen (noch) nicht, was sie da noch (denken, glauben, predigen) und (nicht) tun werden“...

Ursächlich sind und waren nicht nur die das Ich „kassierenden“ Selbstverständnisse, sondern auch die Gedanken, die sich um den eigenen Machtverlust gedreht haben. Wem da nun Morde und das Töten „gerechterweise“ in die Schuhe schieben? Ein Ich, das sich auf den Weg wagt das zu „erkunden“, es wird Engeln, „Außerirdischen“ und Teufeln begegnen und nicht nur dem eigenen Ich, in Form von guten und bösen Gedanken. Egal, wo diese oder jene wohnen, hier, auf oder in der Erde, auf oder im Mond oder sonst wo.

Jener, der die Macht zum Töten bekam und sich sogar wegen dieser „Macht“ anbeten lassen wollte – und sich noch immer anbeten lässt, er lebt. Nicht unbekannt ist der ehemalige Engel des Lichts – Luzifer, Satanael. Ein Gott oder eine Mysteriengestalt ist er wahrhaftig nicht, aber er will ein Aller-Allerhöchster sein.

Die drei „Versuchungen“ haben und „hatten es in sich“, jedoch war Jesus als Mensch jener, der eine Anbetung ablehnte, mit einem sehr interessanten und wichtigen Programm im Hinterkopf. Ein Plan, um Menschen aus ihren Selbstverständnissen herauszu(er)lösen, gemeinsam erdacht mit dem Vater der Lebenden und der Toten

– und jenem Geist, der bereit ist, in alle Wahrheiten Einsicht zu gewähren. Und dann wird es Menschen geben, die jede Art von Anbetung – noch – ablehnen – mit was für Gedanken im Hinterkopf...

Dem unbewusst Unwissenden, der – noch – an seine Überzeugung, an „sein Wissen“ glaubt, ihm steht es gut an wenn er erst einmal – bedächtig zuhört. Ein taktisch kluges Schweigen, bis ihm Hintergründe genauer offenbar(t), offensichtlich und logisch geworden sind. Die Einsicht in die (eigene) Unwissenheit ist noch keine Einsicht in das Wissen, in jenen Verstand, den nur der eine Gott und sonst niemand den Menschen geben kann, nicht muss, aber wird. Die Einsicht in die eigene Unwissenheit über sich selbst – einem Seelsorger müsste da ein Licht aufgehen, wenn er nicht sehen kann, wie es wirklich in einer Seele – und in seiner Seele aussieht. Wie Jener, der am Jacobsbrunnen einer nicht dummen „nichtjüdischen“ Frau begegnete. Wer seine Schafe nicht kennt, sie nicht kennen kann, ihnen nur mit einem blinden Selbstverständnis hinterhersinnt, wäre als nur helfen Wollender kein echter Seelsorger.

**Der dümmste Gegner der Weisheit**
**ist die Unbedächtigkeit,**
**die gewollte, aber auch**
**die unbewusste.**

**In dem Sack einer Gasse ist es dunkel.**
**Auf dem Weg ins Nirgendwo blendet das Licht**
**von allen Seiten.**
**Wo wird ein Ich am ehesten**
**um Einsicht, Verstand und Weisheit bitten?**
**Kann Jemand mal „das Licht" –**
**und die Bitte um „mehr Licht" erklären?**

## 20. Der Glaube – die Mehrheit

„Die Demokratie verbirgt in sich nur eine mehrheitlich regelbare Freiheit, und die Gewalt, die der Allerhöchste zuließ, bis sich die in ihr verborgene Selbstgerechtigkeit in jedem Ich – und in jedem Wir wie von selbst offenbart hat." (D. A.)

Mehr- und Minderheiten auf dem Planet der Glaubenden verlassen sich auf ihr Selbstverständnis und glauben, auf dem „richtigen Weg" zu sein. „Ich/Wir glauben an unseren Gott". Dazu das „Bekenntnis" lautet: „Irren ist menschlich. Jeder kann sich mal verirren. Auch das Wir kann sich irren. Nur das ‚unsrige' Wir natürlich nicht."

Welches Lächeln in eine Kamera will nicht freundlich, tolerant und verbindlich sein – es wird aber nicht den Hintergrund haben, gleichgesinnt sein zu wollen. Da ist nur ein heranreifendes, sich auf dem Weg befindendes „Ich bin Ich" und „Du bist Du", „Ihr seid Ihr" und „Wir sind Wir". Jeder mit dem Glauben an sein Selbstverständnis.

„Was ich denke, glaube und lebe, wen geht das etwas an?" Geht das im Grunde niemanden etwas an oder doch? Soll ich etwa auch noch der Hüter meiner Zunge oder meiner Brüder, meiner Schwestern, meines Ehemannes, meiner Ehefrau, meiner Kinder, meiner Eltern, meiner Freunde, meiner Feinde – und von wem sonst noch sein? Reicht es nicht aus, wenn ich „Andere" toleriere, sie akzeptiere, sie nicht gleich erschieße oder mich von ihnen distanziere? Mächtige, die sich ihre Macht aus Mehrheiten holen, oder geholt haben – war oder ist es im Heute, „nach der Wahl“, noch immer eine „überwältigende“ Mehrheit – oder nur eine „zusammengeschusterte“? Die erteilte Macht stellt die an sie Glaubenden dar. Hat das etwa mit Einsicht, Verstand, Vernunft oder Liebe zur Weisheit ohne Wahrheit zu tun?

Die Erde ist klein geworden. Glaubt sie der Mittelpunkt des Universums zu sein? Für wen ist sie der Mittelpunkt ihres Daseins? Für den einen Gott schon, der (noch) nicht bei den Menschen wohnt – oder für die Götter, die bei den Menschen wohnen – oder für die guten und bösen „Engel“, für die Dämonen, für den Teufel, für Feen, Trolle, Gnome und Gespenster und für das kleine, sich noch auf dem Weg befindende Ich?

Mitunter scheint er es zu sein – und ist es auch: Der einzige Planet, auf dem sich (verführte) Menschen auf den verschiedensten Wegen am „austoben“ sind. Erlebnisse öffneten Einblicke in Hintergründe, auch in die der Folgen, in deren Abgründe – und in die zwei „Geheimnisse“ der Geschichte: In das Geheimnis Gottes – und in das Geheimnis der Bosheit: Ein „eigenes Selbstverständnis“ anstatt des immer noch angeboten Verstandes des Allerhöchsten, Seines Geistes und seines Sohnes. Es ist ein Kampf gegen das Geheimnis einer Weisheit, die sich nicht aufdrängt, niemandem, die sich auch nicht sanft einpresst oder einschleicht – oder „Macht demonstrierend eingreift“.

Die Mehrheit auf dem Planet der Selbstverständnisse ahnt, nimmt an und glaubt, dass die „Selbsterziehung“ oder die „Erziehung eines Kindes“ oder die „Umerziehung“ eines ganzen Volkes, z. B. Deutschland nach 1945, oder heute, z.B. in Mali oder China oder Palästina – keine einfache Sache ist. Die Vorstellungen der Selbstverständnisse von Völkern schwappen in sich hin und her. Das sich nicht immer so gedachte Ergebnis drückt sich – im ganz kleinen – in Worten aus: „Warte, bis du zur Schule kommst, und dann ab zum Militär, da werden sie dir deine Hammelbeine schon langziehen.“ Oft genug von „Erziehungsberechtigen“ benutzt: „Solange du deine Füße unter unseren Tisch stellst, gelten unsere Regeln.“ Das sind sehr hilflose aber nicht unbekannte „Erziehungsversuche“, die darauf aufmerksam machen, dass es noch nie „so ganz einfach“ nach der Pfeife, nach dem Willen und den Absichten derer gegangen ist, die Einfluss nehmen möchten..

Was stellen sich da nun Eltern, Volksvertreter und Politiker vor? Was glaub(t)en Erziehende aus ihren Kindern formen zu können? Mit welchen Mitteln, mit welchem Verhalten, mit welchen Einflüssen, mit Schreien und Schlägen, mit viel Freiraum, anti-autoritär, mit Zwangsarbeit, mit Liebe ohne Weisheit, ohne Wahrheit, mit Zuckerbrot und Peitsche? Erzieht „die Mehrheit“ mit? Wozu dient „das Geld“, das Fernsehen, das Handy, das i-Pad, das Internet, das Auto? Was sind „Freunde“?

Stört nun nur das Fernsehen, das Handy, die Zigarette und/oder der Alkohol das miteinander reden können – oder stört das miteinander reden Wollen den Fernsehenden, den am Handy Hängenden, den Rauchenden, den Trinkenden? Was für eine Denk-Kultur offenbart sich da – in „Parteien“, „Religionen“ und „Lebensgemeinschaften“. Bis in das Jetzt hinein offenbaren sich Selbstverständnisse nach Lust und Laune, wie wild durcheinander Gewachsens. Was für eine Kultur ist daraus geworden – aus der „christlichen, abendländischen“...

Sich nicht marionettiert an einem riesengroßen Haken hängend zu sehen – das wird uns Menschen auf dem Planet der Selbstverständnisse weiter in die Irre führen. In der Praxis und im Heute sieht das gar nicht lustig aussieht. Wissen wir, was wir hier auf dem Planet Erde „angerichtet“ haben – oder glauben wir nur noch an jenes Wissen, das uns mit einer Relativitätstheorie vertraut machen möchte, oder „dass die Suppe nie so heiß gegessen wird wie sie gekocht wurde“? Wer würde da auf die Idee kommen, um „Verzeihung“ zu bitten, wenn wir doch sowieso alle sterben müssen – oder etwa doch nicht? Alle? Ist das die Mehrheit, sind da Minderheiten, oder Jene die von einer „Auferstehung“ wissen – und das nicht nur glauben?

Jener, der mit einer Bitte auf den Lippen, mit einem „Es ist vollbracht“ starb, hat er sich je zu seiner Zeit durch ein einziges Selbstverständnis beirren oder verändern lassen? Und Jener bittet noch im Heute mit den gleichen Worten um Verzeihung – für Jene die noch immer nicht so ganz genau wissen (wollen), was sie da (sogar noch) tun (werden).

An dieser Stelle, spätestens, sollte offenbar werden, dass Wahrheit nichts, rein gar nichts, mit der Akzeptanz durch Mehr- oder Minderheiten zu tun hat.

Doch auch die Wahrheit ohne Weisheit gleicht einem Schwert, vor dem die Menschen auf diesem Planeten Angst haben werden. Wo und wie sich „lieben und verstehen“? Wen, auf welcher „Ebene“? Etwa nur da wo Menschen auf einem Haufen sitzen, im vermeintlichen „Schutz“ einer Mehrheit? Doch auch das sich zurückzuziehen in die Geborgenheit einer überschaubaren, von wem „dirigierbaren“ Minderheit ist verständlich. Wer will schon den Wind, der um die Ohren eines Einzelgängers weht, sich um die Nase wehen lassen? Die Weltgeschichte gibt auch Auskunft über Einzelgänger, die anfingen, diese Welt – und sich zu verändern. In welche Richtung? In eine beliebige, gute, nicht gute? Von „Jeder ist sich selbst der Nächste“ bis „Irgendwas muss dran sein, an dem Projekt Erde“, an dem Planet der Selbstverständnisse, auf dem wir uns rein zufällig „nur mal eben durch das Heute leben wollen“. Doch in was für eine „Zukunft“?

Wem da nun „vertrauen“ – Sich, den gegenwärtigen Umständen, mit dem Mund einem Gott, dem Wir in dem wir uns gerade „aushusten“? Mit was für einer Gesinnung wird so ein Ich in den Tag hineinwandern wollen? Was und wie da „wie selbstverständlich“ denken und „glauben“? Christlich, jüdisch, muslimisch, theologisch, theoretisch, orthodox etc. und wann, bitte, endlich einmal – mitmenschlich?

Wie wird es verstanden, das eigene Wie, das gerade wach geworden ist und sich hineinlebt in das Heute, in das Jetzt? Da, wo das Ich gerade lebt und denkt, wird es da auch weiter erwachsen werden „dürfen“? Wird es das wollen? Oder sollen? Oder sogar müssen? Wann werden wir tatsächlich erwachsen sein? Etwa dann, wenn wir die Erde, unseren Sandkasten – und uns selbst – ganz in Scherben, Schutt und Asche gelegt haben?

Eine Mehrheit oder eine Minderheit kann und wird glauben was sie will, dass das nie geschehen möge – nicht „zu unserer Zeit“ – oder schon morgen. Wird die Wirklichkeit, die vorher beschrieben wurde, sich nach unseren Vorstellungen, nach unseren Selbstverständnissen, nach unserem Glauben richten – wird sie das können – wird sie das wollen? Wer weiß schon um eine Grenze, nach der es keine Rückkehr mehr gibt – aus Selbstverständnissen die „zu wissen glauben“! Mehrheiten werden da mit Sicherheit nicht hilfreich sein.

Wird das Alt-geworden-Sein je auch ein erwachsen Gewordener sein? Das größte Geschenk des Hierseins war und ist es, die Bitte um Einsicht, Verstand und Weisheit nicht nur auszusprechen oder nur nachsprechen zu können. Die Logik der Bitte zu verstehen ist es: Jener der darauf wartet die Bitte beantworten zu können öffnet Jenen die Augen die von sich glaubten bisher blind gewesen zu sein...

Warum muss es erst die entdeckte und verstandene Not der eigenen Blindheit sein, die dem Ich und dem Lernwilligen das Nach-sinnen lehrt.

## 21. Was ist „die Ewigkeit"?

Ein Schloss auf dem Mond kann die Ewigkeit nicht sein. Doch wie wird ein Ich sie sich vorstellen können, wenn es noch nicht einmal die Ursache und die Notwendigkeit der Zeitlichkeit versteht? Ewig leben, was ist das? Des Rätsels Lösung wurde während der Weltgeschichte oft genug angeboten: Ein Ich, das persönlich Anteil nehmen möchte, am Sinn und Zweck der Zeitlichkeit – an dessen Leben nehmen nicht nur Menschen, sondern auch „außerirdische", himmlische Wesen und „Götter" teil, positiv und negativ.

Nicht nur aus der Thora und aus dem Koran sind uns Namen bekannt: Adam, Eva, Henoch, Noah, Abraham, Mose, Elia und Elisa. Das fast vergessene Buch des Sehers Henoch berichtet aus einer Zeit vor der „Großen Flut" – von einem noch „intakten Verhältnis" zwischen Himmel und Erde. Wen da nun schon in der Ewigkeit wissen – oder das mit seinem Selbstverständnis mehr oder weniger nur zu glauben – das sind zwei extrem gegensätzliche Vorstellungen. Sie alle befinden sich außerhalb unserer Zeitlichkeit. Die sichtbare Zeitlichkeit ist „nur" ein Teil der Ewigkeit – aber der wichtigste Teil von ihr!

Was werden die „dort" Lebenden wollen und nicht nur denken? Das persönliche Anteilnehmen wird „dort" weitergehen. Sie werden in das Hier hineinsehen, in eine ablaufende Zeitlichkeit. Sie sehen von „dort" auch Ursachen und Hintergründe, von denen wir kaum bis gar nicht ahnen, dass es sie gibt. Oder sind wir etwa doch „ausreichend" informiert worden?

Ein Ich, das auf dieser Erde seine „Vollendung erfuhr" ist der Töpfer selbst. Es ist Jener, der als Gott und Mensch hier auf dieser Erde lebte. Eine Zeit, die auch er selbst als „Reifeprüfung" verstand.

Auch Selbsterziehungen und Selbstverständnisse werden ausreifen: Entweder unumkehrbar oder bekehrbar – wenn der Glaube an das Selbstverständnis auch berechtigte Zweifel an sich zulässt. Nur auf Richtigkeit Bedachten wird es auffallen und wie Schuppen von den Augen poltern, dass ein Selbstverständnis weder für logische Einsichten und Verstand noch für Weisheit ein offenes Ohr hat. Da, wo das um Einsicht, Verstand und Weisheit bitten (durch ein Selbstzeugnis von den vielen möglichen Selbstverständnissen) blockiert worden ist, werden Einsicht, Verstand und Weisheit nicht zu finden sein. Das Erbitten setzt voraus, zu wissen, das Erbetene nicht zu haben. Einsicht, Verstand und Weisheit sind in der Lage Selbstverständnisse durchschaubar darzustellen: Wir haben durch den Prophet XY, wir werden durch Mensch XY „Einsichten" haben – und das soll das Ich glauben – und steht hilflos vor Sterbenden, Kranken, Behinderten, Blinden, Krüppeln, „Besessenen", suchenden (Ver-)Zweiflern – und vor weiteren Problemen und Spaltungen.

Unübersehbar wird dabei jener Geist werden, der es den aufrichtig Suchenden und den auf Richtigkeit Bedachten gelingen lassen wird, den Charakter des Ewigen in Seinem „Wir" zu entdecken und zu verstehen. Nicht ohne Folgen. Da es dem Mensch Jesus Christus gelungen ist, seinen Vater zu begreifen und zu verstehen, wird das gleiche auch jedem Suchenden möglich sein: Das Wohlgefallen eines klugen weisen Vaters zu finden, um auch selbst eine persönliche Bestätigung von diesem Vater zu bekommen – als wieder „Versöhnter".

Einsicht, Verstand und Weisheit zu erbitten, wenn ihr Fehlen bemerkt wird, lässt erahnen, dass wir nicht nur unvollkommen und unwissend geboren sind. Eine Weltgeschichte subjektiv oder/und objektiv zu hinterfragen, Ereignisse, Ursachen, Begründungen – das wird Sinnenden einige Mühen abverlangen. Schnell- und Leichtgläubige haben ihre Selbstverständnisse, ihr geglaubtes Wissen „im Kopf". Nur die Bedächtigkeit spaltet sich irrende Welten.

Jener der wollte, dass Menschen hier auf dieser Erde leben, wollte auch dass sie ewig leben und nicht sterben. Die Sachlichkeit seiner Mühen und Absichten, sie mit Hintergründen zu verstehen, sie auch verständlich lehren zu können – logisch – das ist seine Art der „Seelsorge", die „still anklopft und klug wartet". Ein grundsätzlicher Bestandteil seines Charakters ist ein Prinzip: „Ich lebe nicht allein für mich. Ich lebe, wenn andere durch mich leben, durch mich und in mir das ewige Leben finden werden". Weisheit, Güte und Bedächtigkeit, Liebe und Wahrheit, wenn sie nicht einen zeitlosen Hintergrund hätten, wäre die Zeitlichkeit ein sinnloses „Experiment". Zu welchem Zweck? Von wem „erdacht", von Gospodin „Niemand" – oder Mister „Von selbst"? Das ist das Geheimnis des Raumes der Zeiten. Der Raum der Zeiten – und in ihm auch der Raum für die Zeitlichkeit auf dieser Erde – er lässt begreifen, um was es dem Ewigen geht. Nicht darum „nur die Macht zu haben“, denn die hat er schon allein durch die Fähigkeit, aus dem Nichts Lebendes und Materie herauszurufen, deren „Naturgesetze“ ständig aufrechterhalten werden müssen. Sonst wäre Materie ganz einfach nicht (mehr) da, Weg, und nicht eben mal nur unsichtbar. (Ich will = E, $E = mc^2$)

Dem Ewigen, dem von Ewigkeit zu Ewigkeit Lebenden – es geht Ihm um das verständige und verantwortungsbewusste Teilen der Macht, mit seinen Geschöpfen. Auf „Augenhöhe“, in die sich kein geschaffenes Wesen selbst hineinheben kann ohne sich ganz fürchterlich zu ver(b)rennen. Jener, der in die Gedanken hineinsieht, sie sogar voraussieht, weder um sie zu „kontrollieren“ noch um sie zu „manipulieren“, weiß um die Ungeduld, um den Stolz, um den Neid, um die aufflammende Eifersucht, um den zerstörenden Ehrgeiz – und die Eitelkeit. Sie wurden von ihm selbst als Möglichkeit, als eine Prüfung, auf den Weg von jedem Ich gelegt. Ein Ich, das sich auf den Weg wagt, wird mehr sehen und wissen wollen, um mehr erreichen zu können, und es wird dieser Prüfung begegnen, um sie durchzustehen – oder in ihr zu scheitern. Dem auf Richtigkeit Bedachten wird es gelingen. Ein sehr irdisches Beispiel ist Judas, ein Ich, das glaubte, sich in ein unverzeihbares Selbstverständnis verlaufen zu haben. Er ging hin – und erhängte sich.

Der Ewige mit seinem Wir – und der Aller Allerhöchste sein wollende Engel mit seinem Wir – sie sind die „Parteien“ in dem Konflikt zwischen Licht und Finsternis, zwischen Gut und Böse.

Hätte die „geistige Operation“ nicht sein müssen? Einsicht, Verstand und Weisheit waren auch schon seinerzeit „abrufbar“, doch die Viren „Ehrgeiz“, „Neid“, „Stolz“, „Trotz“ und „Eitelkeit“ hinterlassen Folgen: Sie beginnen zu spalten, ermöglichen die Hinterlist und missbrauchen die Unwissenheit anderer.

Wer wird dem Ewigen anhängen können nicht mit seinen Geschöpfen denken, leben, reden und weitersinnen zu wollen. Sich irgendwo im Universum auf einem Planet „ein neues Nest“ zu bauen und ihn dann so zu hinterlassen, wie es hier schon mit der Erde geschehen ist – wird das zur „Wirklichkeit“?

Ewig(keit) setzt Liebe, Logik, Verstand, Weisheit und Wahrhaftigkeit voraus – und eine Barm- und Warmherzigkeit mit Jenen, die erst hineinwachsen, in eine persönliche Anteilnahme an dem, was um ihretwillen geschehen musste: Ein offen sichtbarer Mord an einem Mensch, an Menschen, deren Gedanken das Gemeinwohl im Universum verstanden, nicht das Eigenwohl einer kurzen Zeitlichkeit, oder einer eigenen Vorstellung von einem (der vielen) „Wir sind“.

Ewiges, die Ewigkeit von „Dem Ewigen“ zu trennen, geht nicht. Der Versuch Ewiges zu imitieren – er wird am Stolz, am Neid, an der Eifersucht, am Ehrgeiz von Selbstverständnissen – und am Original scheitern. In Jerusalem.
Hinzu kommt noch der Hass, dass es nur den auf Richtigkeit Bedachten gelingen wird in die Tatsächlichkeit hineinzusehen. Nicht ohne Grund:

In der Bundeslade liegen zwei Steintafeln mit den nicht unbekannten Zehn Worten.

Das dritte Gebot:

„Missbrauche nicht den Namen des Ewigen für deine Selbstverständnisse, für deine Absichten, es wird entsetzliche Folgen haben“. Sicherlich sind auch die Gedanken und Absichten des Ewigen mit eingeschlossen.

Ist der Wunsch, der Wirklichkeit auf den Grund zu gehen, in jedes Ich „eingebaut“? Denn da ist auch die Freiheit, ihm nicht nachzugehen. Die „gegebene“ Energie ist frei verwendbar, von Jenem für den „eintausend Jahre gerade mal ein Tag und eine Nachtwache sind“. Er weiß, dass die Energie tödlich sein wird, wenn sie unsachlich verbunden bleiben will – mit Neid, Stolz und Hass – auf Andersdenkende und auf Richtigkeit Bedachte.

Noch leben wir auf dieser Erde wie selbstverständlich unsere geglaubten Selbstverständnisse aus. Ist das die Zeit vor dem „Gebot“ oder leben wir schon in der Zeit der „entsetzlichen Folgen“? In einer Zeit, in der sich „göttliches“ wieder mit „menschlichem“ verbinden möchte – und wird – werden die Erlebenden wieder in einem „gesunden“ Verhältnis zum Ewigen leben wollen? Doch wie? Etwa wie mit einem Vater, der auf seine verlorenen Söhne gewartet hat – nach durchwachten Nächten – noch mit Tränen in den Augen – und dann dem einen sogar hinterhergehen musste – und gegangen ist?

Jene, die sich nicht einladen ließen, Jene, die wie selbstverständlich glaubten dazu zu gehören – Unbedächtigkeit, Hass, Neid, Stolz, Ehrgeiz, Eifersucht und das „Besserwissertum“ sind tödlich, sie zerfressen und zersetzen das Ich und das Wir, jedes Miteinander – bis zur Selbstzerstörung.

Der Mensch. Ohne das Pochen auf seine Sicht, auf „seine Weisheit“. Wer oder was wird ihn aufmerksam machen auf noch reichlich verdrehte Selbstverständnisse – das hat dem Autor „motiviert“ dem „Ewigen“ zu begegnen. Wer so viel Verstand, Geduld, Güte, Barmherzigkeit, Liebe, Logik, Weisheit und Wahrheit aufbringt und anbietet, muss sich auch etwas dabei gedacht haben. Das Hineinschauen in das „Gläserne Meer“ der Gedanken, dafür ist nur ein „Dankeschön“ viel zu wenig. Ein auf den Knien herumrutschen ist es auch nicht. Die persönliche Anteilnahme an den Absichten des Ewigen wird es sein, die für eine nie für möglich gehaltene „Augenhöhe“ ausreichen wird.

Die im Heute durchlebbare Zeitlichkeit und „die Ewigkeit“ sind logisch nicht voneinander trennbar. Diese Einsicht wird allerdings durch unsere menschlichen Selbstverständnisse „blockiert“. Sterben, das sei „normal“. „Ewig leben“, was ist das? Was ist die Folge von einem „noch nie gestorben zu sein – von einem dann wieder aufzuerstehen? Für wen ist das „ewig leben“ normal – für wen ist die Zeitlichkeit eine (notwendige?) Qual? Was ist es, was die Seele zerstört hat – und wieder aufbaut? Das sich Festklammern an Selbstverständnissen und sie nicht loslassen können oder wollen wird es sein, was die Seele –

ganz langsam – „wie selbstverständlich“ – umbringt. Doch wer denkt schon gleich über die Ewigkeit nach, wenn er gerade beginnt im Sandkasten seiner Zeitlichkeit sich ernsthafte Gedanken über den Sinn eines „Du und Ich und Gott“ zu wagen?

Noch stehen dem Begreifen der tatsächlichen Ewigkeit die verschiedensten Überzeugungen, Weltanschauungen und Religionen im Weg. All die verschiedenen „Götter“ werden sich etwas einfallen lassen müssen, um hier und dort einem noch nicht ganz eingeschlafenen Ich erklären zu können, warum es sie gibt.

„Die Schriften der Väter sagen aus“, „Mein Bauch sagt mir“, „Der gesunde Menschenverstand“, „Das noch unreife göttliche in uns“, wer wird es sein, der uns auf die Widersprüchlichkeit unserer Selbstverständnisse, auf „die Sünde“, aufmerksam machen wird? Ein Gott – ein weiser oder ein dummer?

Was wird ein Ich, ein Wir, in der Ewigkeit erwarten – und da wollen? Auf dem Diwan liegen und sich von großäugigen Kulleraugen bewundert bedienen lassen? Mit lebenserhaltenden Früchten und wunderbaren Gesängen? Häuser und Städte bauen, siedeln, Planeten entdecken, sie bewohnbar gestalten – mit was für einem „Know-how“? Etwa wieder weiter so wie bisher? Mit was für einem Ich, mit was für einem Verstand?

## 22. Theorie und Praxis

Für das Ich, das die Theorie einer Sache noch nicht verstanden hat oder noch nicht verstehen kann, auch noch nicht verstehen möchte, sich auch noch nichts sagen lässt oder auch noch nicht für „wichtig“ hält – nur die Zeit der praktischen Erfahrungen wird die Not wenden können. Wer nicht hören will, wird sehen und fühlen müssen – und auch dürfen – selten wollen. Wer kommt schon auf die Idee, dass dieses Problem vor unserer Zeit seinen Anfang nahm, als es noch nichts gab außer: Die Finsternis der Unwissenheit, eine interessante Kugel in einem noch nicht erahnten Universum – und viel, sehr viel Wasser – interpretierbar...

Geschaffene Wesen, „Engel“, auf jeden Fall „Außerirdische“, nicht hier Geborene, sie begannen ihr Dasein auf anderen „Himmelskörpern“, auf Sternen, Planeten – und in etwas größeren Zeitvorstellungen als jene, mit denen wir Menschen es gewohnt sind zu denken.

Jedes Ich, das sich selbst, die Welt auf dieser Erde und das Drumherum entdecken und zu verstehen begehrte, wurde vom Töpfer mit Augen und Ohren, mit Einsicht, Verstand, Vernunft, Begabungen und „Anfangs-Fähigkeiten“ „ausgestattet“, die sich nun „im Laufe der Zeit“ entfaltet haben – und noch entfalten werden. Die Möglichkeit zur Selbstprüfung und zur Prüfung von „Gehörtem“ mit eingeschlossen, aber nicht aufgezwungen.

Auf welcher Ebene wird ein Ich leben, lernen und wirken wollen? In welche „Ebene“ wurde das Ich ins Hiersein hineingesetzt und von wem? Ein auch schon damals denkender Allerhöchste beschloss „grundsätzlich“, dass ein Ich nicht dazu gezwungen werden darf, soll oder wird, etwas zu glauben, was es noch nicht sieht, noch nicht versteht, nicht so sieht wie er, oder auch (noch) nicht begreifen oder „annehmen“ kann – oder auch (noch)nicht will.

Da ein Ich oft genug erst durch die Praxis versteht, um was es in unserem Universum und nicht nur auf dieser Erde geht, werden nicht nur der Raum der Zeit, sondern in ihr auch gute Lehrer – bestätigte – notwendig sein, die Einsichten in Hintergründe und Zusammenhänge logisch darlegen können. Da im Heute das Hineinhören in den Unterricht einigen Schülern schwerfällt, wird mitunter noch größere Mühe nötig sein.

Doch auch Lehrer, nicht nur Eltern, solche, die es werden und sein wollten und sollten, sind noch durch unterschiedliche Selbstverständnisse getrennt – und durch staatlichen Vorgaben ambivalent.

„Es gibt keine unfähigen Schüler, es gibt nur unfähige Lehrer.“ Als Grundsatz lässt sich diese Aussage nicht allgemein verwerten. Niemand hätte sonst die Möglichkeit einer freien Wahl zwischen richtig und nicht richtig, zwischen tatsächlich gut und tatsächlich böse. Die Lehre über den Sinn und Grund unserer Anwesenheit auf dieser Erde entspringt noch menschlichen Selbstverständnissen – denn „Es steht da doch so beschrieben“ – auch in den Büchern der „Wissenschaft“. Wer glaubt keine Fehler zu machen – wer glaubt zu spät zu kommen – oder wer verfällt dem „Aktionismus“ – mit welchen Problemen werden Schüler, Lehrer oder Eltern – sogar der Staat im Heute nicht konfrontiert...

Der Mensch nicht, aber der Ewige mit seinem Sohn, mit Seinem Geist, mit seinen Engeln (Boten) machen keine Fehler und kommen nie zu spät. Ihr Wir findet am Anfang der Erdgeschichte zusammen – hier – zu einem „und nun lasst uns Menschen schaffen – ein Bild das Uns gleich sei...

Ihre Praxis offenbart und bestätigt die Theorie, dass der Ewige niemanden dazu zwingt, sich selbst zu erziehen oder sich (nicht) um Einsicht, Verstand, Weisheit und Wahrheit zu bemühen. Gleich dem Baum der Prüfung, der immer noch da steht: Ohne Zaun anfassbar, immer noch „bewundert“. Der Baum des Wissens über die „Erkenntnis von Gut und Böse“. Die Früchte schmecken nach wie vor „eigenartig“, aber sie geben dem Ich das Gefühl, endlich auch mal etwas für sich getan und nur auf sich gehört zu haben. Mit einigen Gewissensbissen. Die „Frucht“ fördere das Selbstverständnis und entlocke dem Ich ungeahnte Fähigkeiten – Sport, Waffentechnik etc, um im Heute – mit einer „Bewusstseinserweiterung“ diese und auch jene Absicht besser verwirklichen zu können. Etwa die Überlegenheit nur einer Nation oder die zunächst „friedliche“ Nutzung der Atomenergie, dann der Raumenergie. Aber dann? Und danach?

Was ist ein sich im Ich entwickelndes Selbstverständnis oder ein sich im Selbstverständnis entwickelndes Ich, das sich selbst verstehen und darstellen möchte? Wird es sofort verstanden oder belächelt? Möchte es nicht stolz sein? Auf was? Auf sich? Auf das schon „Verstandene“? Was ist ein verständiges Ich – was ein glaubendes? Und von wem der Verstand? Von wem da ein Zeugnis bekommen?

Und da sind sie dann, die Lehrer: Gute, nicht gute, lehren Wollende, Könnende, Sollende. Berufene, sich selbst berufende, befähigte, göttliche, menschliche, teuflische, zornige, bescheidene, zerstörende. Theoretiker. Selbstherrliche, schlagende, begeisternde, mitreißende. Anfänger, Schlafpillen, die Besonderen, die Klugen, die Weisen, Praktiker, Quereinsteiger, die Bedächtigen, die Schrecklichen. Mitunter Autoritäten, denen man gerne zuhört, die nicht einem verlängerten Arm der Eltern gleichen oder einer „Aufsichtsbehörde“. Doch jeder ordnet sich mit seinem Selbstverständnis irgendwo und irgendwie ein. Es wird ja nicht jeder gleich als Lehrer geboren, sondern als Mensch.

Vor ihnen sitzen sie dann, die Schülerrinnen und Schüler. Ausgeschlafene, Schlafmützen, träumende, sich langweilende, begabte, unbegabte, zuhörende, aufmerksame, ehrgeizige, unbequem fragende, bohrende, faule, modellierbare, vorzeigbare. Sorgenkinder, behinderte, kranke, mongoloide – und Rüpel. Vorlaute, störende, bescheidene. Die noch erziehbaren, die absolut unerziehbaren und die schon erwachsen sein Wollenden, die noch nicht rasierten oder die sich schon rasierenden, die mit den lackierten Finger- und Fußnägeln, die Schlauberger. Kein Schüler gleicht dem anderen. Alles heranwachsende Selbstverständnisse, die ihre Welt entdecken werden wollen.

Woher kommen die Gedanken und der Ehrgeiz, besser, der oder die Beste, der oder die Größte sein zu wollen? Vorsicht, es ist keine Falle, aber ein bewusst für jedes Ich individuell vorgesehener Scheideweg. Und kein Ich wird sich hinter oder in einem Wir verstecken können. Ein Ich, das viel mitbekommen hat, nicht nur die Lernwilligkeit sondern auch die Lernfähigkeit, bekam die Möglichkeit, wie jedes andere Ich auch, sich selbst zu erziehen – besonders den eigenen Charakter. Tückische, tödliche Gefahren lauern da auf dem Weg:

Die (Selbst-)Bewunderung, der Stolz, der Neid – mitunter als Motor, die Bequemlichkeit, die Faulheit, der Ehrgeiz, die Eitelkeit, u. u. u. Die Ursache ist eine noch theoretische Demut, eine noch theoretische Selbstkritik, eine noch theoretische Dankbarkeit, eine noch theoretische Bescheidenheit, eine noch theoretische Verantwortung für weniger Begabte, und ein noch nur theoretisches Verständnis. Praktische Beispiele – für Menschen, die einfach nicht mehr so weiterleben woll(t)en, soll(t)en und möchten wie bisher – sie sehen anders aus – Wie?

Wer da allerdings als Ich, als Wir, sich selbst oder/und seine Lehre erfolgreich bewundern will, sie wählbar darstellt und anerkannt haben möchte, der braucht sich über Trittbrettfahrer nicht zu wundern. Sie haben jemanden gefunden der für sie denkt.

Der Neid wird da auftauchen, wo der Stolz sich konfrontiert sieht mit der Bescheidenheit eines Mahners. Lass dich nicht bewundern, weise die Anbetung zurück, lehre den Unbegabten und den Uneinsichtigen, wo sie sich Einsicht, Verstand und Weisheit erbitten können. Lehre ihnen nicht dein Selbstverständnis, sei nicht neidisch auf den, der in dich hineinsieht. Lass dich nicht vom Ehrgeiz überwinden, lehre nicht nur anderen, ihn in sich zu entdecken und zu überwinden. Lerne für deine Trittbrettfahrer zu bitten, es sei denn, du brauchst es, das Bad in der Menge, in Mehr- und Minderheiten – ihren Selbstverständnissen entsprechend...

Auf dem Weg sind alle – Wir, Ich, Lehrende, Lernende und Studierende, Weise und Kluge, die Leiter sieht für jeden etwas anders aus. Da oben sitzen, stehen oder residieren sie dann, die Autoritäten, alles gewollte Menschen, auf dem Planet der Selbstverständnisse, der an sie und sich Glaubenden. Und wer glaubt nicht, „besser" als seine Lehrer werden zu können...

Der Welt Geschichte, doch auch die Geschichte des Universums ist voll dieser Beispiele. Auch das „Urbeispiel": Ein geschaffenes, weise und sehr kluges Ich begehrte mehr. Auch die Einsicht in das Unerreichbare, noch nicht Einsehbare, noch nie Gesehene. Auf der Suche nach der Macht, über die Augenhöhe des Ewigen hinaus, begann der Konflikt, den wir im Heute als Folge durchleben.

Nicht ohne verständliche Mahnungen, Erklärungen und Bitten begann in jener Zeit der Raum einer Zeitlichkeit, in der sich jedes Ich mit seinem Selbstverständnis frei entfalten konnte. Mit einer bewussten Ablehnung von Einsicht, Verstand und Weisheit, die es nicht nur erbeten gab und gibt. Wurde der Weg über den Sohn des Ewigen nur aus Stolz gemieden? Neid und Trotz offenbar(t)en sich sehr eigenwillig und selbstgerecht, nicht nur vor den Augen des Ewigen war es ein „Schauspiel". Heute schon fast „wie selbstverständlich":

Die Darsteller ihrer Selbstverständnisse fühlten sich in der Gegenwart des „Hineinsehenden" unwohl und durchschaut, verließen ihre Wohnungen und siedelten dort, wo sie glaubten, ungestört ihre Selbstverständnisse „koordinieren" zu können. Außerirdische Bauten – „Artefakte" und Anlagen sind auf und in dieser Erde und anderen „Himmelskörpern" nicht unbekannt oder unentdeckbar geblieben.

Dem Wir des Ewigen fehlt es nicht an Weisheit und Verstand. Dem auf Richtigkeit Bedachten gewährt Er Einsichten, die nicht „überfordern", die Kluges und Weises logisch nachvollziehbar verstehen lassen.

Die Spaltung der „Engelwelt" in „Gut" und „Böse" ist nicht unbekannt. Jener, der die Macht und die Fähigkeit bekam, den Körper eines Lebenden zu töten, aber nicht die Seele – er begehrte mehr. Das „Richten" der Seele hat der Ewige, der Allerhöchste, sich allerdings selbst vorbehalten. Daher sagen der Tod, Krankheiten und andere

Leiden noch nichts über die Wertigkeit eines Menschen aus – siehe das Ende von Mose, Elia – und Lazarus...

Eine sich von den verschiedensten Selbstverständnissen vorgestellte „Gerechtigkeit“ ist nicht identisch mit der von dem Mensch Jesus vorgelebten „Ewigen Gerechtigkeit“. Im Heute wird sie nur durch die praktizierte verständlich, für aufmerksam Studierende. Erbetene, nicht aufgezwungene Einblicke werden mit Sicherheit bescheidene „Aha-Erlebnisse“ auslösen, die mit Selbstverständnissen nicht möglich sein werden. Warum? – weil sich jedes Ich erst einmal – als unbewusster Ich-Mensch – in (s)einem angeborenen, auch sich selbst anerzogenen Selbstverständnis denkt, und dadurch unbewusst noch im Bereich der Selbstgerechtigkeit lebt.

Es passt zusammen mit den Worten des Ewigen, „dass der Mensch (erst einmal) böse von Jugend auf sei“, und zu seinem Schutz in die Unwissenheit hineingeboren wurde. Genau so sicher ist es auch, dass sich der Ewige „erbarmen“ wird, zu seiner Zeit. Siehe vom Saulus zum Paulus.

Eine „Ewige Gerechtigkeit“ ist vom Wortlaut aus der Theorie nicht unbekannt. In der Gegenwart, in der noch verbleibenden Zeitlichkeit, werden wir hier auf dem Planet der Selbstverständnisse die Wirkung der Gerechtigkeit aus Selbstverständnissen kontra die „Ewige Gerechtigkeit“ – aus- und durch den Glauben von Jesus selbst – erleben können. Ein „Herr erbarme dich“ und ein „Danke“ ist da mehr als verständlich.

Möglich, dass sich da nun „praktisch“ „Erfahrene“ in ihren Selbstverständnissen kabbeln und sich theoretische Argumente um die Ohren blasen. Der auf Richtigkeit Bedachte wird sich an die praktisch anfassbaren und unauslöschlichen Begegnungen mit (s)einem Lehrer erinnern wollen. Auch an Jenen, der sich nie aufgedrängt hat oder hineinzwingt, in die verschiedensten Selbstverständnisse. Sie haben nicht nur diese Welt, den Planet der Glaubenden, zerrissen. Positiv – und negativ, sich offenbarend. Doch nur der Ewige weiß die Zeit und Stunde, um auch den auf Richtigkeit Bedachten zu begegnen. Die Liebe zur Weisheit sollte nie unterschätzt und vergessen werden. Ohne Wahrheit „funktioniert“ sie jedoch nur nach Sicht- und Selbstverständnis.

Selbstverständnisse werden aber nie jener Maßstab sein können, der dem Nachsinnenden die Notwendigkeit nahelegt, (s)eine Entscheidung zu prüfen. (Denk-)Wege werden nur durch den von Gott bekommenen Verstand logisch begreifbar und verständlich sein. Gut sein zu wollen – auch das nicht gut oder böse sein zu wollen, wider besseres Wissen – diesen Konflikt hat der Ewige kommen sehen, sogar kommen lassen, nichts geschieht hier ungewollt. Dadurch nahm er seinem Widersacher den Wind aus den Segeln, dass er ein Despot sei, der „blinden Gehorsam“ einfordert.

Dieser nicht auf der Erde begonnene Konflikt hat den je höchsten Preis gekostet, den sein Sohn, mitunter sehr bezweifelt, mit seinem Leben bezahlt hat. Er hat den Charakter seines Vaters durch seinen Tod hindurch demonstriert. Er lebt, nicht allein, auferstanden, da, wo er jetzt für die (noch nicht) auf Richtigkeit Bedachten bittet: „Vater, bitte vergib ihnen, denn sie wissen noch nicht was und wem sie glauben. Lass den Baum noch dieses Jahr, ich werde um ihn graben.“ Eine Gesinnung, die ein Beispiel sein könnte für Jene, die den anders Glaubenden als „Ungläubigen“, als „nicht richtig Glaubenden“ bezeichnen.

Dem Autor geht es nicht um den Platz, wo das tagtäglich geschieht – der ist bekannt – sondern um das, was da geschieht. Denn jedes persönliche Anteilnehmen wird um Menschen barmen, die in ihren Selbstverständnissen glauben, auf der „richtigen“ Seite irgendeiner Partei zu stehen.

Eine theoretische, doch auch eine praktische „Selbst-Bestätigung“ aus irgendwelchen Schriften „belegbar“, aus welchen Selbstverständnissen auch immer, aus den Buchstaben jeder Scheinwelt heraus – sie lässt sich durch eine praktische Bestätigung des Ewigen widerlegen...

**Kinder ohne Aufsicht,**
**ohne einen guten Einfluss**
**und ohne sinnvolle Erziehung,**
**sie gleichen**
**Läusen und Flöhen**
**in der Unterwäsche.**

**Ein Mensch, der**
**einen Partner sucht,**
**sollte das bei einem**
**Bäcker versuchen –**
**oder den Allerhöchsten bitten.**

## 23. Warum ist der Mensch „krank"?

Hat er etwa etwas Schlechtes gegessen? Gegenfrage: Was ist „gesund"? Was versteht dieser und auch jener unter Krankheit und Gesundheit. Wurde der Mensch gesund oder krank erschaffen? Seine Abwehr- und Immunsysteme sind nicht unbekannt, das „Wiederherstellungsprogramm" ist, zumindest nach den Erfahrungen des Autors, manuell „auszulösbar". Das verbal auslösen ist ihm noch nicht gegeben worden. In die Tatsächlichkeit von Hintergründen und in geistige Ursachen hinein sehen zu wollen, auch in die Psychosomatik, das wird auf dieser Erde immer weniger auf Unverständnis, Ablehnung oder auf Widerstand stoßen. Wie und warum funktioniert er so, der Mensch, das Ich, das sich da noch an sein Selbstverständnis klammert...

Im Heute kommt der Mensch wohl kaum oder nur ganz langsam auf die Idee, dass psychosomatische und auch schizophrene Störungen, Persönlichkeitsspaltungen, epileptische Anfälle, cerebrale Behinderungen, Zähneknirschen, Burn-out, spastische Lähmungen und jede andere (er)denkbare Krankheit – neben den biochemischen Abläufen auch geistige, beabsichtigte, konstruktive Hintergründe haben. Da wohnt ein kranker Geist, eine krankhafte Programmierung, in einem menschlichen Körper. Wohnt ein gesunder Geist gern in einem kranken Körper? Was glaubt das Ich, wer oder was „programmiert" den Geist, der dann den Körper „benutzt" um sich zu äußern und zu reagieren? Schizophrene, gespaltene, nicht der Wirklichkeit entsprechende Vorstellungen beginnen nicht ohne den Treiber „Ich will". Das

„Ich will“ (auch) wird jedes Selbstverständnis progressiv formen – leider nicht nur positiv. Das „Ich will auch ...“ und das „Wir wollen auch“ – beides hat Spuren in der Weltgeschichte hinterlassen. Gesund aussehende Menschen können dennoch geistig und seelisch Kranke sein. Körperlich Beeinträchtigte, Blinde, Lahme oder Behinderte – sich „im Besitz eines kranken Geistes Befindende“ – kamen zu Jenem der sie heilen konnte.

Der Mensch Jesus Christus jedoch kannte und kennt seine(n) Gegner, den Auslöser und die Ursache von „Krankheiten“. Der Widersacher des Allerhöchsten, des Konstrukteurs, ist nicht unbekannt. Die „einprogrammierten“ Krankheiten sind in der Tat „wahrnehmbar“ – teuflisch.

Luzifer, auch als Teufel bekannt, ein ehemaliger „Engel des Lichts“. Er möchte es auch sein – ein „Global-Player“ – und wurde der Auslöser und Verursacher von Krankheiten, von Leiden, Unfällen und Katastrophen, auch ohne ersichtlichen Grund. Nachlesbar und nachweisbar. Die Ursache lässt sich ohne großen Aufwand aus den ersten beiden Kapiteln des Buches Hiob entnehmen. Sie deckt sich mit dem Leid dieser Weltgeschichte.

Das sich an „gewachsenen Selbstverständnissen“ festklammern hat sich zu einem Pfrund entwickelt, nicht nur für „die Wissenschaft“. Nicht nur ein Chirurg verdient dadurch seinen Lebensunterhalt, auch der Chemiker – auch der „Pastor“, egal welchen Geschlechts. Neben dem Prinzip, der Philosophie und dem Leben des Menschen Jesus Christus wären alle drei arbeitslos und müssten sich einen anderen Broterwerb zeigen lassen – oder sich anderweitig umsehen...

Die Mühen der „Gesundheitsindustrie“, einschließlich der „Seelengesundheitsindustrie“– sie sind nicht unumstritten. Sie fressen Milliarden und sie erwirtschaften Milliarden. Krankenhäuser, Rehabilitationseinrichtungen, Krücken, Rollstühle, Prothesen, Herz-, Lungen- und Nieren- sogar Gehirntransplantationen. Gehirnwäsche? Ist die Seele transplantierbar? Was steht noch auf dem Programm? Prachtbauten und Kathedralen, aber wozu? Was ist es, was die Seele(n) der Menschen „mit den besten Absichten“ beschäftigt? Was werden wir noch unternehmen, um wieder körperlich, geistig und seelisch „gesund“ zu werden, „gesund“ zu bleiben, um zu „überleben“, bis zum Sterben? Was ist mit dem Geist und mit der Seele? Wird deren Gesundheit „etwas vernachlässigt“? Was und wem glaubt das Ich, das Wir?

„Sie kommen nicht zu mir, damit ich sie heile. Sie wollen sich von meinem Geist nicht mehr lenken, leiten und belehren lassen. Sie beharren auf ihre Selbstverständnisse und glauben nicht mir. Wenn sie doch hören wollten, was ich ihnen nicht nur zu sagen hätte, damit ich ihnen helfen könnte.“

Das sind Worte von Jenem, der uns hier auf dieser Erde wollte. Der weder stolz, beleidigt, wütend noch despotisch Krankheiten zulässt, aber traurig ist, über eine wie selbstverständlich angenommene Denkweise, in die wir Menschen hineingewachsen sind, die wir im Heute selbst „vergleichen“ könnten. Da ist Jener, der durch ein Wort den im Rollstuhl Sitzenden wieder gehen lässt. Da sind Jene, die zu dem Rollstuhl noch einen Elektromotor mit Batterie, eine elektrohydraulische Lenkung mit einem Joystick, einen Herzschrittmacher mit Batterie, ein Sauerstoffbeatmungsgerät mit Batterie konstruieren, einbauen und verkaufen. „Erfolgreich“ – welche Kasse zahlt?

Irgendetwas muss da tatsächlich „krank“ sein. Ist es nur die Blindheit in unserem Denken, in unseren Selbstverständnissen, in unseren bewusst gewollten Unwissenheiten, in unserem Halbwissen, in unseren Wahrnehmungen, in unserem Glauben? Hier der Gott „Mammon“, dort die „Gesundheit“, ist sie käuflich? In sehr armen Ländern herrscht ein entsetzliches Drama. Kein Geld, keine Gesundheit. Ist da vielleicht auch in unserem Denken, in unserem Glauben, nicht nur in unseren Ernährungsgewohnheiten, etwas „eingekapselt“? Reiche, nicht nur in reichen Ländern, können sich ihre „Gesundheit“ kaufen, um die Wege ihrer Vorstellungen fortzusetzen. „Humanistisch Gesinnte“ werden sogar Geld, sehr viel Geld zusammenlegen, um ihre Vorstellungen von einer „Weltgesundheit“ auf lange Sicht zu sichern. Welche „Gesundheit“? Die des Körpers, die des Geistes, die der Seele?

Wie passt das mit den Gedanken und Absichten von Jenem zusammen, der sich den Planet der Glaubenden erdachte? Wer glaubt nicht an sein Selbstverständnis – auf dem Planet der Wissenden und Weisen? Wie tief hat sich „die Karre“ in den Müll der Zeitgeschichte „hineingewühlt“? Von ganz allein ganz bestimmt nicht.

Ein sehr gut bekannter „Schauer“ oder „Seher“, im heutigen Sprachgebrauch „ein Prophet“, hatte da nicht nur eine „Wort-Vollmacht“. Jeremia. Seine Zunge, seine Finger, seine Hände und seine (bestätigte) Weisheit wiesen auf jenen großen Konflikt hin, der bis in das Heute hinein noch tobt, zwischen einem erbittbaren Verstand und den verschiedensten, sich wehrenden Selbstverständnissen. Im Kampf zwischen Licht und Finsternis, zwischen Gut und Böse, nicht erst zu Jeremias Zeit in Jerusalem. Was war und ist dem einen Gott, „dem Ewigen“, „wichtig“? Was ist den Menschen in den verschiedensten Selbstverständnissen „wichtig“? Was ist der Wirtschaft, der Industrie und dem Handel „wichtig“ und was ist einem auf Richtigkeit Bedachten „wichtig“?

Wird nur Grundsätzliches in der Lage sein Menschen zu befrieden, ohne einen Einblick in die Wirklichkeit darzulegen? Welche? Auf welche sich da „einigen“ und wie? Demokratisch, klug, weise, administrativ, „autokrativ“ – wessen Selbstverständnis, wessen „Glauben“ entsprechend? „Geänderte“ Grundsätzlichkeiten, was hätten sie für einen Einfluss auf die „Wahrheitsfindung“ für noch suchende Seelen?

„Ihr könnt nicht Gott und dem Mammon dienen“, das sind Worte, die darauf hinweisen, dass da ein Konflikt besteht. Ein sehr ernsthafter, der sich nicht nur um einen Tag dreht, sondern um ein grundsätzliches Prinzip. Göttliche, nicht göttliche und menschliche Vorstellungen beißen sich bis ins Heute. Welche „Organisationen“, einschließlich jener, die es wissen müsste, loben sich nicht über ihren finanziellen Aufwand für ein

„Gesundheitsprogramm“, das in keiner Weise mit dem Auftrag und dem Erfolg von siebzig Schülern des Menschen Jesus Christus zusammenpasst.

Ist jeder ein Gott, der einen Rollstuhl bauen kann und verkaufen wird? Oder ersatzweise ein Pavianherz in ein menschliches Baby „einbaut“? Oder ist es doch Jener, der einen Rollstuhl und eine Herztransplantation überflüssig gemacht hätte?

Auch der Autor bewegt sich mit einem Rollstuhl und zwei Krücken durch die Weltgeschichte. Nach einigen Verkehrsunfällen ist auch er ein Zusammengeflickter. Was ist da „kaputt“ in unserem Denken, in unserem Glauben, in unseren Selbstverständnissen? Was denkt oder erwartet da ein Gott, der Allerhöchste, von Jenem, dem er einen Rollstuhl und Krücken zur Verfügung stellt? Oder gibt es einen Gott, der keine Rollstühle baut, verkauft oder gebrauchte verschenkt? Was ist auf dem Planet der Selbstverständnisse, der Glaubenden, nicht krank? Ist das krank sein „normal“ oder „selbstverständlich“? Ein bisschen jammern, ein bisschen leiden, ein bisschen „Heiliges Wasser“, ein bisschen Medizin, ein bisschen Alkohol und ein bisschen beten. Mit wem, um was?

Was ist uns Menschen im Heute „wichtig“? Ein gesunder Körper oder ein „gesunder“ Geist? Oder eine „gesunde“ Seele? Oder der Geldbeutel? Alles zusammen? Oder doch noch etwas mehr? Bitte, was darf es denn nun im Heute sein?

Was denkt ein gesunder Geist in einem kranken Körper? Was glaubt ein kranker Geist in einem gesunden Körper? Wie fühlt sich die Seele, wenn sich das Selbstverständnis den Hintergrund selbst erklärt? Das muss so sein. Das ist so. Das war schon immer so. Das ist dein (mein) Kreuz. Wer bist du schon? Wovon sollen die Menschen denn leben, wenn sie nicht mehr in der Alten- und Krankenpflege, in der Verwaltung oder im Operationssaal arbeiten können? Apothekern, Medizinern und dem Pflegepersonal wird auf Hochschulen und Universitäten neben einer „Schulmedizin", einer „Schultheologie", und einer „Schulseelsorge" auch beigebracht, was eine „gesicherte Existenz" garantiert.

Jener, der wollte, dass wir wieder einen „gesunden" Körper, Seele und Geist haben, hat am Anfang unserer „christlichen Zeitrechnung" etwas anderes getan, als Geld einsammeln und Krücken zu bauen. In den Tempel seines Verstandes hat er, sehr bewusst, Selbstverständnisse erst gar nicht hineingelassen. Hat ein Patient je den „gesäuberten" Tempel mit Krücken oder einem Rollstuhl verlassen? Wer würde wollen, dass das auch im Heute geschieht, nicht nur in Jerusalem? Sich mit seinem Namen schmücken, sich auf seinen Namen berufen, wem hilft das? Ernsthaft, was ist das? Glauben wir Seinen Worten oder werden sie und Seine Krankenheilungen unbewusst von den heutigen Selbstverständnissen als störend empfunden? Sich unbewusst von der Art seiner Wiederherstellung von Menschen zu distanzieren, wem fällt das auf, wem dämmert es?
Weder zur Zeit seiner Anwesenheit auf der Erde, noch auf einer Neuen, wird es Krankenhäuser,

Operationssäle oder gar eine „Gesundheitsindustrie“ geben. Was für eine Zeit durchwandern wir da gerade? Eine Zeit, in der wir gerade „Öl für unsere Lampen“ gebrauchen könnten?

Jenem, der allein in der Lage ist, da noch „durchzublicken“, mit seinen weisen und barmherzigen Augen – der sogar still und bedächtig durch seine Augen sehen lässt – ein stilles „Danke“, für die Einsicht, dass da neben dem Öl auch noch die Streichhölzer fehlen. Was entzündet sich schon von allein? Selbst der Hass braucht eine Ursache um zu explodieren – das Herz einen weisen Anstoß...

Das Hineingewachsen-Sein in eine Zeit, in der ein Arzt, Chirurg oder Doktor als eine Vorsehung von „dem da oben“ zu verstehen sei, sollte nicht davon ablenken, dass jede Krankheit und „jeder Unfall“ eine Ursache, einen Grund hat, von dem wir – noch – nichts Genaueres wissen können, auch mitunter gar nichts wissen wollen. Denn wir vertrauen und glauben lieber unserem Selbstverständnis, einer entmündigenden „Vorsehung“, einem „Spezialisten“, und einem Rechtsanwalt.

Irgendwann findet sie dann statt, nicht nur die Begegnung mit dem Verstand des Konstrukteurs, mit seinen Absichten, mit seinen Erklärungen. Ein Verstand, der mitunter gemieden wird – „er bringt keine Anerkennung und kein Geld“ ein...

Ernährungsempfehlungen – am sechsten Tag wie selbstverständlich verstanden – lassen sich im Heute in einer veganen Ernährung wiederfinden. Mensch Daniel bat um Wasser und Gemüse, Elia wurden Fleisch und Brot „vorbeigebracht“ – 13 Menschen zur Zeit der Zeitenwende aßen Fleisch und Fisch – und von dem Baum da solltest du nicht essen – ganz langsam wird er durch die Folgen enträtselt: „Sollte Gott gesagt haben“ – und was hat er nun tat-sächlich gemeint...

## 24. Die Liebe – eine Wort-Hülse?

Liebe, Vertrauen, sich geborgen zu fühlen, sich geborgen zu wissen, Wärme, sich fallen lassen können, keine Angst spüren, Sinne die geben und nehmen. Mitunter liegen Welten zwischen Vorstellungen, Wünschen, Träumen, den Selbstverständnissen und der Wirklichkeit.

Ein kleines Ich, die ersten Berührungen, die ersten Begegnungen, mit der Mutter, mit warmer Haut, mit Händen, die behüten und tragen, die ersten Empfindungen außerhalb des Großen Sees, die ersten Wahrnehmungen und Eindrücke, trinken, schlafen, eine warme Decke, das erste Spielzeug, ein Teddy. Eltern, viele Gesichter, die Verwandten, der erste „Spaziergang“ auf eigenen Beinen, ein eigenes Zimmer mit einem Tisch mit drei Schubladen, einem Schrank und einem Fenster, das viel zu hoch ist. Da war der kleine Stuhl und dann die Besucher, die Gäste, der zweite Geburtstag, der dritte Geburtstag, der Empfang im Garten, der Springbrunnen, auf seinem Rand um ihn herumlaufen und in ihm baden. Ich soll meinen Mittagsschlaf halten, eingeschlossen haben sie mich nicht. Sind alle draußen? Auf dem Tisch stehen nicht ganz leere Gläser, rötlich schimmernd, wie das wohl schmeckt? Der Weg bis zum Springbrunnen, die Treppe von der Terrasse herunter soll noch geklappt haben, aber dann ... In einem warmen Bett wieder aufzuwachen, trocken, herrlich, bloß beim Aufstehen ein leichter Schwindel im Kopf.

Unbekannt dürfte es nicht sein, dass nach dem Erwachen Kopfschmerzen darauf schließen lassen, dass da irgendein noch nicht entdecktes, noch nicht verstandenes Problem – oder ein sehr gut bekanntes – seine Folgen präsentiert.

Liebe ist auch ein zwangloses Hineinwachsen lassen können. Hineinwachsen dürfen – oder etwa doch auch ein Wollen, ein Sollen, ein Müssen, in das, was wir Menschen „Leben" nennen? Das sich wie selbstverständlich Verbeugen und das Händchen geben, dem der da seine darreicht, oder sie sogar zu küssen, weil das die Eltern und die anderen Leute auch so machen – gehört das dazu?

Was sind „Ehre", Achtung, Anerkennung und „Liebe"? Was oder wer ist (m)einer „Ehre", Achtung, Anerkennung und „Liebe" wert? Wen hat ein kleines, heranwachsendes Ich zu ehren, zu achten, anzuerkennen und zu „lieben"? Auch all das, was es noch nicht einmal verstehen kann? Das erwachsener gewordene Ich soll sogar auch seine Feinde „lieben". Fehlt da nicht „etwas" Verstand, um dieser Anweisung, diesem „Vorschlag", zu folgen – „gehorsam", oder verständig? Ein Selbstverständnis wird dazu wohl kaum ausreichen. Woher kommt die Einsicht, warum ein Ich seine Feinde lieben soll(te)?

Erst eine nachsinnende, verständig werden möchtende, nachvollziehbare „Liebe" wird Hintergründe begreifen wollen. Oder hat das Ich seine Feinde zu lieben, basta, gehorche oder stirb? Basta? – wie „Liebe" verstehen lernen?

Es ist jene „Liebe", die sich auf ihrem Kopf, sogar in ihrem Namen die ausgefallensten Nester bauen lässt und sie dennoch trägt[1]. Könnte es sein, dass da doch noch Einige (Vögel) sind, die da etwas weiter sinnen, über den Nestrand, über den bisher gewohnten Horizont hinaus, doch in welche Richtung? Wird es jenem Kopf nicht wehtun, wenn er sieht, dass sich da eine Ich- oder eine Wir-Form in ihr Selbstverständnis, in eine fast unbewusste Unwissenheit, in eine (denk)bequeme Überzeugung, hinein verrannt hat?

Der „Große Widersacher" lebt, aber nicht, weil er leben will, sondern weil sein Töpfer weiß und wollte, dass er lebt. Das geschieht zur Zeit, bis das Geheimnis seiner Vorstellungen, seiner bewusst gewollten Bosheit vollständig offenbar geworden ist: Andersdenkende „aus dem Weg zu räumen". Der Hass, der Neid, der Zorn, der arg ramponierte Stolz auf bisher „Erreichtes", auf Jenen und Jene, die in Ruhe abwarten konnten – sie werden nicht mehr beherrschbar sein, auch nicht die Wut auf Jene, die auf Richtigkeit bedacht, das angebotene Ziel erreichen werden: Eine Neue Erde.

Der Glaube ist zum Wissen geworden, wie bei Jenem, der nach seiner Auferstehung bat: „Bitte rühre mich nicht an, ich muss erst auffahren, zu meinem Vater und zu eurem Vater, zu meinem Gott und zu eurem Gott, (ich will mir sicher sein, dass meine Mission auf der Erde ausreichend war), erkenne mich (noch) nicht an."

Noch ist er verwechselbar, der Glaube des Menschen Jesus Christus – und der Glaube „ a n "

---

[1] Kapitel 3

eins der vielen Selbstverständnisse über ihn. Wurde der Mensch seines Verstandes beraubt? Durch was und wann? War er je im Besitz eines solchen? Wurde der Mensch seiner Liebe beraubt? Wer gab den Menschen eine Ersatzhülse, einen Ersatzinhalt? – etwa „Sex“ – (w)er sich selbst?

„Das Herz ist ein trotziges, doch auch verzagtes Ding.“ Wenn es sich allerdings geliebt fühlt oder geliebt werden möchte, wird es Berge versetzen wollen – und können, doch mitunter übersehen, mit was für Ellbogen es sich Raum verschaffen – und dabei über Leichen gehen wird. Auch über die eigene?

„Liebe“ – das ist nicht die unterhalb der Gürtellinie. Liebe und Verstand voneinander zu trennen hat Ergebnisse, deren Folgen in der Weltgeschichte zu finden sind. Sich auf „Gefühle“, auf „sein Herz“ oder „sein Bauchgefühl“ zu verlassen, das hat die Entstehung der verschiedensten Selbstverständnisse auf dieser Erde beschleunigt.

Liebe jedoch ist etwas wunderbares, kostbares, sie stellt wieder her und heilt. Sie nimmt nicht scheinbar in die Arme, sie klammert nicht, doch sie opfert sich, sie wartet, sie leidet mit, sie ist traurig, sie ist entsetzt über den Missbrauch ihres Namens, dennoch bleibt sie geduldig und hoffend. Sie überlässt es jedem Ich, sich ihr zuzuwenden. Nie unter dem Druck von Gewalt, der Umstände, des fehlenden Geldes, der Angst oder der „Moral“. Wenn es sie nicht geben würde – wenn sie nicht da, nicht hier wäre – es würde den Planet der Glaubenden nie gegeben haben.

Ihre Größe und Macht ist nicht furchterregend, aber überwältigend, warm, anfassbar, in Jenem und in Jenen, die sich auf den Weg gewagt haben, sie etwas genauer zu erkunden. Den auf Richtigkeit Bedachten wird sie begegnen, wie dem, der noch nicht über sie nachgedacht hat: Wie sie ihm bisher geholfen und bis ins Jetzt hinein getragen hat. Sie ist es, die das „Große Feuer" aufhält, das sich am Neid, am Stolz, am Hass, am Ehrgeiz, am Besserwissertum und an der Eifersucht entzünden möchte – und wird. Sie lässt zu, bis wir Menschen begreifen, dass es ohne sie nicht geht – und nicht ohne jenen Gott – oder jenem Ich in dem sie „zu Hause" ist.

Es ist jene Liebe die auch ein Gesicht hat, nicht nur deins oder meins. Sie hat Hände und Füße, nicht nur die durchnagelten. Jene, die im Heute Not lindern möchten – von wem werden sie lernen wollen und können? Wo sind ihre Ohren und Augen, ihre Hände und Füße, die hören und sehen, gehen und mit anfassen. Das „Projekt Erde" benötigt immer noch eine persönliche Anteilnahme. Es ist ein Schauspiel für Jene, nicht nur für „Außerirdische", die wir noch nicht sehen wollen oder sollen. Warum? Wie sonst würden Menschen sie suchen und finden können, wenn wir „Sie" sehen könnten, aber nicht verstehen? Und dann ist da noch die uns fehlende Weisheit, die fehlende Liebe zu ihr und zur Wahrheit. Es gibt sie nicht einfach nur so zum „Mitnehmen". Liebe will verstanden werden, auch von einem noch an sein Selbstverständnis glaubenden „Schriftgelehrten...

Eine Liebe – „sauber" – ohne Hintergedanken, mit einer Tiefe die keine Frage unbeantwortet lässt – wer wird sich ihrer nicht bedienen wollen. Ihre Ruhe ist klug, weise, sanft, wissend und nie blind. Sie weiß wann sie, was sie, wie sie und wo sie etwas „auslöst". Sie ist in jenem Ich zuhause dessen Worte nie zerschmettern werden. Liebe wird nie zulassen, Gutes und Böses mit Gewalt zu trennen. Wenn ein Mensch das will, lässt sie es zu. An den Folgen erklärt sie dem Ich, wie sie nicht denkt. Tausende von Jahren lässt sie sich Zeit– auch Jenen, die sie nicht für wichtig oder für störend oder für nicht passend oder für zu klug, zu geduldig, zu sanft und zu wissend halten, um ihr nachzusinnen.

Nachahmen lässt sie sich nicht. Die Selbstverständnisse aller Zeiten haben das versucht. Wer den Verstand des Ewigen liebt – nicht den von einem zweitrangigen – wird weder von ihr noch von Ihm enttäuscht werden. Sie wird weder den Trug noch den Schein mit ihrem Mantel zudecken, aber klug entdecken lassen.

Die Liebe zur Weisheit jedoch wird die größte bleiben, weil sie dem Ich die größten Entfaltungsmöglichkeiten anbietet. Sie wird sich nie überheblich äußern und einem auf Richtigkeit bedachten Ich auf jede Frage eine Antwort geben können. Unaufdringlich. Sie ist es, die dem Mensch die Einsicht gibt, dass der menschliche Verstand unvollkommen ist, aber nicht bleiben muss.

Diese Einsicht legt sie jedem Ich ins Ohr.

Doch erst die ernsthafte Bitte an den Ewigen – um Seine Einsicht, um Seinen Verstand und um Seine Weisheit – wird das Ich erfahren lassen dass es sie erbeten gibt. Wenn ein Ich am Ende seines Weges die Unrichtigkeit von seinem Selbstverständnis entdeckt, wird die Liebe des Ewigen der Einsicht und einer „Neubesinnung" keine Grenzen setzen. Das ist die Hand, die der „Allerhöchste" uns Menschen durch seinen Sohn anbietet. Beide denken gleich.

Selbstverständnisse werden zu jeder Zeit widerlegbar sein, auch über die Liebe. Nur der vom Ewigen erbetene Verstand ist unwiderlegbar. Er wird aber nie unwiderlegbar sein wollen, weil Er Jenen begegnen und helfen möchte und wird, die – noch – in den Käfigen ihrer Selbstverständnisse ihre Überzeugung leben und lieben.

Dies Leben ist mehr als ein Karussell,
wer einsteigt und rausfliegt, der merkt das sehr schnell,
wer drinbleibt, mit durchdreht, der merkt gar nichts mehr,
wer aufmuckt und querschießt, der stört hier sehr,
drum fang an zu denken und das nicht allein,
man kann ja mal fragen, warum muss das sein?
Die Erde, sie dreht sich, doch sag mir wozu,
vielleicht auch noch morgen, sag mir, was denkst du?

Komm, gib mir die Hand, denn auch ich bin allein,
wer will schon wie üblich was Besseres sein?
Ich suche wie du hier nach Wahrheit und Licht,
bloß stillsteh'n und zuseh'n, das mag auch ich nicht,
wir Menschen, wir glauben, was wir hier so seh'n,
das was wir hier unter „Liebe" versteh'n,
das reißt uns doch oft mitten durch und entzwei,
ist das dann das „Schicksal", wann ist das vorbei?

Und hast du nie nach dem Weg gefragt,
dann hat dir auch niemand wohin gesagt,
am Ende steht immer Gevatter Hein,
der lädt dich nicht freundlich, doch sehr bestimmt ein,
er zeigt dir das Ende für diese Zeit,
dann kommt, was wir nicht versteh'n, Ewigkeit,
das Alles kann wahr sein, oder auch nicht,
doch hinterher prüfen, das geht leider nicht –

Die Welt, sie steht Kopf, vielleicht muss da so sein,
vielleicht häng' ich schief und ich bild' mir was ein,
wir Menschen, wir machen das Leben uns schwer,
als ob das Dahinter nicht sichtbar wär' –
Ich will hier nicht sterben, nicht sinnlos hier sein,
warum schuf Gott Menschen und ließ uns allein,
da läuft was verkehrt, doch sag mir nur was,
der Teufel ist schlauer, vielleicht ist es das?

Dies' Leben ist mehr als ein Karussell...
~1978 dwce

# Anhang

## Der Mensch – im Heute

Nach ihrer Sandkastenzeit erwachsen sein Wollende – und Sollende – wann wird so eine Sandkastenzeit zu Ende sein. Im Jetzt hat der Mensch die Möglichkeit sich und all die Dinge – und seine Fragen selbst zu beantworten und selbst zu erklären, wenn er das will. Und er wird das wollen. Wem denn auch sonst noch die Frage stellen, wie die Antworten werten und „sortieren“, wem da noch zuhören? Dabei wird er wie gewohnt erst einmal auf sein angelerntes, übernommenes, nicht unbedingt selbst so gewolltes Selbstverständnis zurückgreifen. Wem wird er vertrauen wollen – und können, wo sucht er Rat, Verstand und Weisheit, wie sich auf Geglaubtes – und auf Verstandenes „besinnen“ – oder „verlassen“ – nicht mehr auf subjektive „Wahrheiten“?

Ein Kind wird zunächst auf die Erwachsenen achten, auf sie hören, dann nicht mehr allein auf sie hören, irgendwann mehr hören, mehr hören wollen und sich daraus ein Weltbild bauen, ein Selbstverständnis, das Ich.

Die Wirklichkeit jedoch wird sich nicht an geglaubten oder angenommenen Vorstellungen orientieren. Eher wird sich das Ich an der Wirklichkeit orientieren müssen – und auch wollen. Für wen sieht sie zurzeit sehr vernünftig und „normal“, für wen vernunftlos, lieblos, weisheitslos, zerrissen, ein- und aussichtslos aus?

Wie wollen wir Menschen leben, von welchem Gott „losgelassen“, was wäre „gott los“? Woher kommen Einsicht, Verstand und Weisheit – und wozu? Um was für einen Geist wird sich der Mensch bemühen wollen? Das „Ich bin Ich und Ich bin eben so“ und das „Wir sind Wir und Wir sind eben so“, es dürfte dem etwas gründlicher Sinnenenden zu einfach und auch zu gefährlich sein. Mit was für einem Geist möchte das Ich, das Wir, sich – „wenn nötig“ – neu „besinnen“? Mit einem klugen, mit einem weisen, mit einem cleveren, mit einem bedächtigen, mit einem geschäftstüchtigen, mit einem hörenden, mit einem aufmerksamen, mit einem die Wirklichkeit, Gott und Menschen liebenden Geist? Woher den bekommen?

Für eine Wunschliste stehen noch wesentlich mehr Charaktereigenschaften zur Verfügung, gute und nicht gute. Wie sich im Jetzt mit der Wirklichkeit auseinander- und wieder zusammensetzen, ohne es zu müssen? Oder zwingt uns Menschen die Wirklichkeit nicht doch „ein bisschen“ dazu? Etwa erst dann wenn es qualmt, kracht und stinkt, wenn die Probleme, einschließlich der Müllhalden, nicht nur in den Himmel gewachsen sind?

Einem „Allerhöchsten“ dabei aus dem Weg zu gehen, obwohl er der beste Lehrer wäre, ist nicht ungewöhnlich. Sich an Jene zu wenden, die sich selbst als Autorität verstehen – nicht ungefährlich.

In den Irrtum, in die Selbstverständnisse anderer einfach so mit hineinzurutschen, in ein etabliertes „Wir“ – verständlich. Denn das Ich, faul und bequem geboren, wird nicht immer gleich selbst denken wollen. Erst einmal nur „nach-denken“ und „Ja“ sagen, zu Vor-gedachtem. Wer wäre da als Erklärer und „Seelsorger“ zu empfehlen? Jene, die sich selbst „empfehlen“ – oder Jene die ein nicht menschliches Zeugnis begehren, eins, das es nicht so ganz ohne weiteres Nachsinnen geben kann – und soll – und wird – wann – wo – und wie?

Wer wird sich schon die Mühe machen wollen, sich mit hineinzudenken, in die Sorgen und Gedanken eines Vaters, der um Menschen weise und geduldig sinnt und barmt? Um Jene, die – noch – ihrem Selbstverständnis glauben.

Nur ab und zu ein bisschen klug und weise sein zu wollen wird das Ich und das Wir in viele kleine Selbstverständnisse zerreißen. Dem Allerhöchsten, als Konstrukteur des Menschen, ist daran gelegen, dass so ein Ich bedächtig, klug und nicht umsonst auf die Reise durch die Zeitlichkeit geht. Wenn ein Ich sich leichten Sinnes auf den Weg begibt, sollte es sich nicht wundern, wenn es hier und dort erst einmal fürchterlich stolpert.

Glück, Segen und die Schule der Zeitlichkeit sind drei verschiedene Dinge. Es kann ein Glück und ein Segen sein ganz schrecklich auf die Nase zu fallen. Abhängig ist das von den dazu gehörenden Gedanken. Ein Selbstverständnis „so wie ich das verstehe“ wird dabei wenig hilfreich sein können.

Sich an einen der Allerhöchsten wenden (zu wollen) und ihn dennoch unbewusst zu meiden, spiegelt jenen Konflikt wider, der sich in jedem

Mensch, in jedem Ich, in jedem Wir, in jedem Mann, in jeder Frau, in jedem Kind und im Jetzt abspielt – auf dem Planet der Selbstverständnisse. Auf dem sich niemand in seine „Entwicklung" hineinreden lassen möchte. Sich dabei selbst (unbewusst) durch das Selbstverständnis ein Maßstab sein zu wollen, wird nicht nur zum Wunsch, sondern zu einer festen Überzeugung werden. Oder schon sein. Bis wann? Tragisch – oder nicht tragisch?

Solange der Mensch jedoch versucht sich das Leben, das Hiersein und sein eigenes Leben selbst zu erklären, und seinem Nächsten auch, wird er in ein erweitertes Selbstverständnis, mit vielen anderen „hineinrutschen". Jener Allerhöchste, der sich durch seinen Sohn auf dieser Erde offenbart hat – ihn um Einsicht, Logik, Verstand, Vernunft und Weisheit zu bitten, ist keine Muss-Lösung. Aber es ist der einzige Weg, um dem Desaster der selbst als noch unreif entdeckten Gedanken zu entkommen. Ein sehr, sehr schmaler Weg, den auch der Sohn des Allerhöchsten gegangen ist, mit einem sehr interessanten Erfolg: Sein Leben erklärt den Unterschied zwischen einem möglichen Verstand und den Selbstverständnissen seiner Zeit – zu jeder Zeit. Momentan, in der Gegenwart, durchleben und durchlaufen die sich streitenden, die sich noch tolerierenden, auch die unbewussten Selbstverständnisse, die (End-)Zeit ihrer Entscheidungen – durch die noch nicht verstandenen Folgen?

Sich hinter eine dieser Entscheidungen zu stellen, egal in welche Richtung – politisch, religiös, kulturell, weltanschaulich und persönlich – wird hoffentlich aufschreckende Folgen haben. Erst am Ende (s)einer Sackgasse entdeckt auch ein Philosoph, dass er sich – geirrt hat.

Jedes lebende Ich wird diesen Prozess durchlaufen, ihn vielleicht nicht immer wollen – es führt allerdings kein Weg an ihm vorbei: Das an seinem Kreuz „zu hängen“ und mit ihm „zufrieden“ zu sein. Ein „Nachbar“, der da auch „sein Kreuz (er)trägt“ – es könnte jener sein, der sich mit keinem dieser Selbstverständnisse durch die Zeit seines Hierseins auf der Erde „gewagt“ hat.

Um Verstand, Vernunft und Weisheit – besonders aber die Liebe zur letzteren zu finden – mitunter muss ein Ich, ein Wir, der Mensch, erst über sie stolpern. Er wird sich bewusst werden können, dass sie da liegt, einfach so, auf dem Weg unserer Zeit, und dass der Bittende alle drei noch nicht hat. Seinem Selbstverständnis zu glauben, holt niemanden herab von seinem Kreuz. Jedem Ich wird die Entscheidung vorgelegt: Sein Kreuz anzunehmen oder zu umgehen. Doch wie? Was wäre da noch „durchzustehen“ – wie – und warum? Nur bis zum „Ableben“, bis zu einem wieder „Auferstehen“ – bis wann glaubt das Ich Zeit zu haben?

**Weisheit ohne Anerkennung**
**ist wie ein kostbarer**
**Schuh ohne Sohle.**

**„Ich denke gradlinig und richtig.**
**Der da, die da,**
**denken um zwei Ecken“ –**
**ein Selbstzeugnis, das, Gott sei’s gedankt,**
**die Welt zerrissen haben wird.**
**Wie sonst würde er durch Erfahrung**
**klug werden können,**
**der Mensch...**

## „Weisheit“ – was ist das?

Ahnungslose und Unwissende in die Irre zu führen, zu verführen oder in die Irre laufen zu lassen – nichts leichter als das. Oder ist das im Heute doch schon etwas schwerer? Glasperlen gegen Gold, ist das in der Gegenwart noch möglich? Unbewusst? Ver(w)irrte und Verführte – eine in die Welt der Selbstverständnisse eingenagelte „Zivilisation“ – wie sie wieder auf „den Weg“ zurückzuholen? Erst einml in die Sackgasse rasen lassen? Wie aus ihr raus – auf welchen Weg? Welcher darf, soll oder muss es sein?

Um sich selbst als Geschöpf zu akzeptieren und verstehen zu können, wird es nicht reichen, einen sehr weisen und klugen Schöpfer nur zur Kenntnis zu nehmen. Worte werden „auftauchen“, Menschen, Namen, viele Worte, glaubwürdige, durchdenkbare, nachsinnbare, aber auch verdrehte und entstellte Vorstellungen. Von wem, für wen? Der auf Richtigkeit Bedachte wird nicht nur den Weg aus dem Irrtum heraus suchen. Wo dann hinein? Was wird er entdecken wollen?

Da ist ein Weg in eine beispiellose wunderbare Zukunft, „von der kein Auge etwas gesehen, noch ein Ohr gehört hat“. Ahnenden und Suchenden wird ein Mensch und Gott, nicht nur sein Name, begegnen, dessen Leben nicht nur eine „Demonstration“ war. Das „Glauben“ a n ihn wird dem Nachsinnenden nicht ausreichen. Was er gedacht, geglaubt, gesagt und vollbracht hat – das da hineinhören – das tut gut.

Eine einsehbare Rückbindung an das, was auf dieser Erde alles schon geschehen ist, kommt an der Weisheit eines Allerhöchsten, an der Weisheit seines Sohnes, an der Weisheit eines heilenden, Heiligen(den) Geistes – auch an der Weisheit eines Salomos nicht vorbei.

Weisheit – sie als Freund zu haben, ist etwas Wunderbares. Sie als Feind zu betrachten, ist mit Sicherheit tödlich und gleicht einem Selbstmord. Sie umgibt, und sie vergibt Suchenden durch ihre Bedächtigkeit ihren Mut, ihre Einsichten, ihre Informationen und ihre Ausdauer. Sie drängt sich niemandem auf. Sie will gesucht, beachtet und verstanden werden. Sie spielt nicht mit Menschen, dennoch spielt sie, um uns Menschen Schicksalsschläge, ihre Grundsätzlichkeiten, ihre Wege und ihre Ziele verständlich zu erklären. Sie allein gewährt Einblick in die Notwendigkeit und in die Logik dieses bewusst im Universum zugelassenen Konfliktes zwischen Licht und Finsternis, zwischen Gut und Böse. Sie ist es, die den Lehrenden und dem Lernenden Geduld „vergibt", um sie und sich selbst genauer prüfen, begreifen und verstehen lernen zu können.

Den Hörenden, den Lernenden, nicht den „Gehorsamen", ist sie eine Freundin. Es gibt sie nicht ohne eine stille, herzliche Liebe – sie versteckt nichts hinter ihrem Rücken. Es sind nur unsere Augen, die noch nicht so weit schauen gelernt haben. Das noch kurzsichtige Ich mit seinem Selbstverständnis ist „auf dem Weg". Aber sie ist es, die mit sehr viel Geduld unser Interesse und unsere Liebe zu ihr zu wecken versteht. Immer zum richtigen Zeitpunkt.

Ihre Tiefe gleicht dem Gläsernen Meer, das jedes Ich in die Arme nimmt, dass sich seinem Wasser anvertraut. Warm ist es und nicht ertränkend. In ihm zu schwimmen, schwimmen zu dürfen, ist ein Geschenk für den, der die Weisheit zu würdigen weiß. Wer sie näher kennen lernt, wird beschämt sein, und sich ohne ein Dazutun wie beschenkt fühlen. Hörenden lässt sie ihre Absichten und Einsichten wissen, dem Ich, dem Wir. Durch ihre Demut und Geduld wird sie viel zu oft übersehen, unterschätzt, und für Schwäche gehalten. Wer ihr begegnet ist, wird Armut als Reichtum betrachten und Reichtum als Armut, Not als Lehrmeister und das Glück viel zu oft als Verführer. Sie ist es, die dem Ich Verstand und Flügel verleiht, um dahin fliegen zu können, wo Jener wohnt, der sich zu Recht „der Allerhöchste" nennen lässt, aber nicht darauf besteht, so genannt zu werden. Ihre Zeitlosigkeit, Güte und Unveränderbarkeit, einem wartenden Vater gleich, deckt sich mit dem Duft einer nie verwelkenden Rose, der aus der Zeitlichkeit bis in die Ewigkeit hineinreicht. Bis in das Gestern und ab dem Morgen. Auch im Heute verbreitet sich ihr Duft unaufdringlich durch ihr Hiersein, wie eine extra für jedes Ich gewachsene Rose, die nicht nur schön aussieht. Es gab sie, bevor Lebewesen mit einem Ich geschaffen wurden. Die Dornen einer Rose wurden vorher von ihr durchdacht, denn ohne Dornen, ohne Wahrheit, ohne Wirklichkeit und ohne Tat-Sächlichkeit würde die Weisheit der Dummheit gleichen. Stacheln erinnern an die Wirksamkeit der Weisheit, an ihre Behutsamkeit, an ihre Bedächtigkeit und an ihre stille Konsequenz. Erlernbar ist sie nicht, aber erfahrbar, „findbar" sogar von dem der sie nicht sucht, aber sofort verstehen wird, wenn er über sie stolpert oder in sie hineingreift. Denn sie liegt auf dem Weg, jene Weisheit, für die es sich sogar lohnt zu sterben, weil sie nicht nur das eigene, kleine Leben bereichert.

Dem Allerhöchsten konnte nichts besseres einfallen, als sie von Geschaffenen und noch Sterblichen auf dem Weg durch ihr Leben, auch von seinem Sohn, finden zu lassen. Es gibt sie auch erbeten.

**In dem Sack einer Gasse aufzuwachsen, in (s)einem Selbstverständnis, ist das größte Geschenk für den, der sogar erst im Morgen um Einsicht, Verstand und Weisheit bitten wird.**

## Das Fußballspiel

Einfach so Worte in den Raum schießen. Charakterverändernde, weise, liebe, wieder Vertrauen untereinander schaffende, für ein kluges Miteinander, ist das ein Wunsch-Traum? Sich an den Rand des Spielfeldes hinstellen und den Einwurf wagen, weil der Ball da ins Aus gegangen war – oder sogar einen Freistoß bekommen. Es ist ein sehr interessantes Spiel, in das wir nun mal – als Spieler – hineingeboren wurden – und in ihm am Aufwachen sind. (sein könnten)

Wer den Ball bekommt, wird dieses und auch jenes „versuchen". Erst einmal regellos, auch Einwürfe und Freistöße. Wer möchte da schon ins Blaue oder ins „Geratewohl" hineinschießen? In eine Menge, die ziemlich regeleifrig auf den nächsten Ball wartet, um ihn, in welche Richtung auch immer, in ein Tor zu befördern. Warum nicht auf dem Spielfeld auch mal ein Picknick veranstalten? Es fällt kaum auf und es macht doch jeder so. Fällt zwar ab und zu mal ein Ball auf die Teller oder in die Suppe, aber was soll's?

Um sich vom Spielfeld zurückzuziehen gibt es das Auto. Egal, ob auf dem Land, irgendwo auf der Erde, im Wald, zu Fuß, mit dem Fahrrad oder dem Motorrad. Pilze und Beeren lassen sich auch auf diese Art finden, die dann ganz anders schmecken. Schade, dass im Wald schon so viele Bälle herumliegen. Ausgediente, schlaffe – doch nicht nur.

Aber die Luft, wenn es geregnet hat, sie riecht so gut – es regnet jedoch nicht immer.

Sich in eine Höhle zurückzuziehen, in eine „Ersatzhöhle“, z. B. ins Auto, ohne ein zweites Ich ist das langweilig und auf Dauer sogar tödlich. Wer spielt schon gern allein mit sich selbst Fußball. Aber es ist etwas Wunderbares, hier, irgendwo von irgendwem gewollt zu sein und gemocht zu werden. Um Bälle und Worte gemeinsam auseinanderzunehmen und wieder zusammenzusetzen, hin und wieder auf die Pfeife zu achten, damit nicht nur der Ball im Aus oder irgendwo im Wald landet und vergessen wird.

Oder gibt es da etwas mehr, was einem auf Richtigkeit Bedachten entgangen sein könnte? Damit ihm dieses und auch jenes gelingen könnte? Fehlt da vielleicht der zweite oder dritte Blick über den Horizont der Selbstverständnisse, über den bisherigen, gewohnten, erlernten, geglaubten und angenommenen Horizont hinaus? Ist es Gnade und Barmherzigkeit, auch „anders“ denken zu können? Aus der Sicht eines Allerhöchsten oder der seines Sohnes oder eines Engels oder eines nicht von Menschen und nicht auf dieser Erde geborenen Wesens oder des „Großen Widersachers“ oder eines Fußballers oder nur aus der Sicht eines gar nicht beteiligten, gar nicht so genau hineinsinnenden Zuschauers, der mit seinem Selbstverständnis eigentlich – noch – „zufrieden“ ist?

Verspotte nie den Weg eines Anderen - es könnte allein jener Weg sein der ihn zu Gott leitet - auf dem Gott ihn zu sich zieht.

Lass Gott Seine Arbeit tun - wann wird deine Weisheit Seiner gleichen . . . .

| | |
|---|---|
| Gottes Problem: Das Aufkommen der Sünde vor der Erdenzeit: | Ein Ich - stolz auf das eigene Wissen - Neid und Hass auf den Besserwissenden - das „Ich will der Größte sein" - der Engel des Lichts - ein schirmender Cherub - Luzifer. |
| Gottes Aufgabe: Widerlegung des Vorwurfs: | Er sei - weil er sich nur durch Jesus Christus/Michael offenbarte - ein Despot, ein Tyrann - willkürlich, unverständlich und unbegreifbar . . . . |
| Gottes Lösung: Lasst uns Menschen machen: | Ein Bild das uns gleich sei - damit das Geheimnis Gottes - und das Geheimnis der Bosheit offenbar werden kann - ohne Druck - freiwillig - gewaltlos, anhand der Folgen sichtbar - um Einsichten zu vermitteln, die den entstandenen Selbstverständnissen der Noch-Widersacher eine freiwillige, verständliche Umkehr ermöglichen - damit der Baum der Erkenntnis des Guten und Bösen verdorren kann. |
| Worte von Jesus zu jenen Menschen die voneinander und von Anderen Ehre und Anerkennung fordern, erwarten, voraussetzen - und annehmen: | Wie könnt ihr euren Glauben vorleben die ihr Ehre (und Anerkennung) voneinander nehmt - und die Ehre (und Anerkennung) die von Gott allein ist - die sucht ihr nicht . . . .<br>Ihr seid wahrhaftig meine Jünger wenn ihr in und an meinen Worten bleibt - dann - und dann . . . . |
| Worte eines Engels zu einem Mensch (Johannes): | Hier ist die Geduld der Heiligen (der heil Gewordenen), hier sind die da halten die zehn Grundsätze Gottes - und (die) den Glauben Jesu (in sich wieder wollen) . . . . |
| Worte eines Engels zu einem Mensch (Johannes): | . . . . bete nicht mich an - ich bin nur dein Mitknecht und der deiner Brüder die das Zeugnis Jesu haben. Bete Gott an. Das Zeugnis Jesu aber (warund) ist die Gabe der Weissagung . . . . |
| Worte von Menschen über ein Volk: | Ei welch weises und kluges Volk ist das - so sie ihren Gott anrufen antwortet er ihnen - ein gerechtes Volk - es beachtet Sitten und Gesetze . . . . |

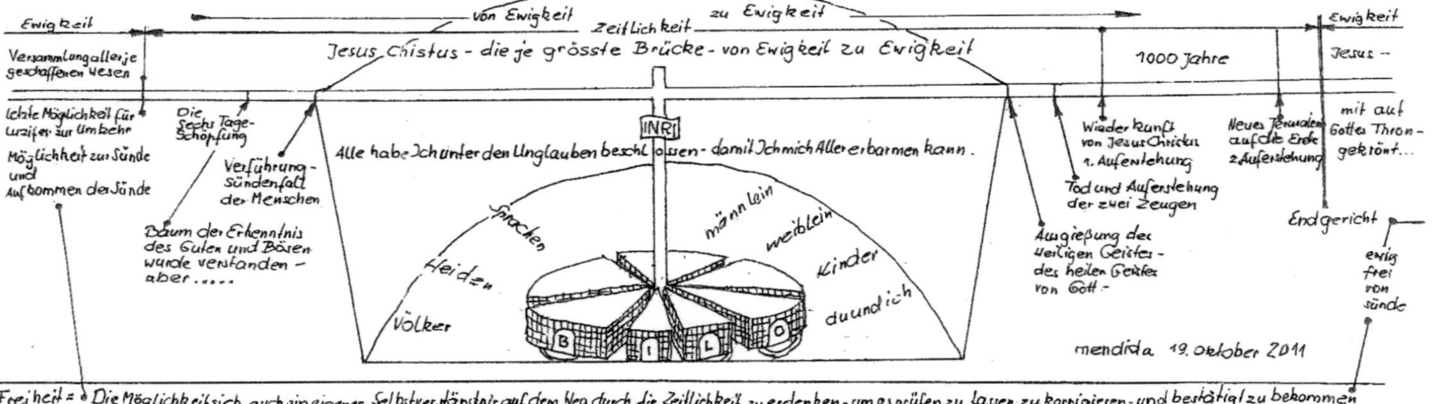

von Ewigkeit
zu Ewigkeit
Ewigkeit
Zeitlichkeit
Ewigkeit
Versammlung aller je geschaffenen Wesen
Jesus Chistus - die je grösste Brücke - von Ewigkeit zu Ewigkeit
1000 Jahre
Jesus -
Letzte Möglichkeit für Luzifer zur Umkehr
Möglichkeit zur Sünde und Aufkommen der Sünde
Die Sechs Tage-Schöpfung
Verführung - Sündenfall der Menschen
Baum der Erkenntnis des Guten und Bösen wurde verstanden - aber .....
INRI
Alle habe Ich unter den Unglauben beschlossen - damit Ich mich Aller erbarmen kann.
Sprachen
Heiden
Völker
männlein
weiblein
Kinder
duundich
B
I
L
O
Wiederkunft von Jesus Christus 1. Auferstehung
Tod und Auferstehung der zwei Zeugen
Ausgießung des Heiligen Geistes - des heilen Geistes von Gott -
Neues Jerusalem auf die Erde 2. Auferstehung
mit auf Gottes Thron - gekrönt...
Endgericht
ewig frei von sünde
mendida 19. oktober 2011
Freiheit = Die Möglichkeit sich auch ein eigenes Selbstverständnis auf dem Weg durch die Zeitlichkeit zu erdenken - um es prüfen zu lassen, zu korrigieren - und bestätigt zu bekommen

## Literaturverzeichnis


| Menschen aus: | Autoren: |
|---|---|
| Bibel<br>Altes und Neues Testament | Moses bis Johannis |
| Koran | Verschiedene Ausleger |
| Kenntnisbuch | „Sternengeschwister“ |
| Erfahrungen und Gesichte | E. G. White |
| Martin Luther – Leben – Werk – Wirken | P. Kuhlmann |
| Deutsche Tugenden | Asfa-Wossen Asserate |
| PUTIN – Innenansichten der Macht | Hubert Seipel |
| Geheimsache Mond | Ingo Swann |
| Freie Energie für alle Menschen | Claus W. Turtur |
| Das Christentum als mystische Tatsache | R. Steiner |
| Nomadentochter | Waris Dirie |
| Kamen die Götter aus dem Weltall | Mauro Biblino |
| Kriegswaffe Erde | Rosalie Bertell |
| Stalins verhinderter Erstschlag | Victor Suworow |
| Das Philadelphia-Experiment | C. F. Berlitz/O. Gerschitz |
| Liebe allein genügt nicht | Bruno Bettelheim |
| Sternenmenschen | George Adamski |
| Mein Wort | Hatara Siri |
| Der Große Konflikt zwischen Licht un Finsternis | E. G. White |
| Buch Henoch | Äthiopische Bibel,<br>verschiedene Übersetzer |

| | |
|---|---|
| Die Suppe lügt | Hans Ulrich Grimm |
| Intelligente Zellen | Bruce H. Lipton |
| Lektionen über den Glauben | A. T. Jones & E. J. Waggoner |
| Das „Cafe“ am Rande der Welt | John Strelecky |
| Du fehlst mir, meine Schwester | Norma Khouri |
| Asterix in Italien (37) | R. Goscinny & A. Uderzo |
| War Jesus und Joseph von Arimathia in England | Helene W. Van Woelderen |
| Himmel und Erde | H. Diehl und D. Braun |
| und Andere... | |

**Wessen beeindrucken wollende Intelligenz hat da nun – nicht nur hier auf dieser Erde – Spuren hinterlassen – liebliche – woher die grauenhaften?**

**Atomisierende Sprengköpfe – in was für einem Wir – in was für einem Ich – in was für welchen Selbstverständnissen sind wir „herangewachsen" – ist die Intelligenz nun ein Fluch, eine Herausforderung, oder eine verantwortliche Verpflichtung – vor Wem – für wen?**

**Jener – Jene – die uns Menschen hier auf dieser Erde wollten – sie gaben uns auch die Möglichkeit zu sinnen, zu denken, nachzudenken, mitzudenken – weiterzudenken – selber zu denken – und zu hinterfragen. Pro und contra. Schöpfung oder Evolution.**

**In welche Richtung da nun „aushärten" – bewusst oder unbewusst – doch das geschieht zur Zeit. Die Folgen werden noch aufgehalten – von Jenem der auf dieser Erde anders dachte – und gekreuzigt wurde ...**